W0342993

Marion Hoffmann · Muckis und Köpfchen

Dieses Buch gehört:

Marion Hoffmann

# Muckis und Köpfchen

Kinesiologische Übungen
und Tipps für gestresste Kids

Oesch Verlag

Die Angaben in diesem Band basieren auf dem bei Erscheinen aktuellen Wissensstand von Medizin und Naturheilkunde, soweit er Autorin und Verlag zur Verfügung gestanden hat.
Alle Ratschläge wurden von Autorin und Verlag sorgfältig erwogen und geprüft; dennoch kann eine Garantie nicht übernommen werden. Eine Haftung der Autorin bzw. des Verlags und seiner Beauftragten für Personen-, Sach- und Vermögensschäden ist ausgeschlossen.

Alle Rechte vorbehalten
Nachdruck in jeder Form sowie die Wiedergabe durch Fernsehen, Rundfunk, Film, Bild- und Tonträger, die Speicherung und Verbreitung in elektronischen Medien oder Benutzung für Vorträge, auch auszugsweise, nur mit Genehmigung des Verlags

Copyright © Oesch Verlag, Zürich 2008
Umschlagbild: Marion Hoffmann
Druck- und Bindung: Ebner & Spiegel, Ulm
Printed in Germany

ISBN 978-3-0350-3033-4

Gern senden wir Ihnen unser Verlagsverzeichnis:
Oesch Verlag, Jungholzstrasse 28, 8050 Zürich
E-Mail: info@oeschverlag.ch
Telefax 0041 / 44 305 70 66 (CH: 044 305 70 66)

Unser Buchprogramm finden Sie im Internet unter:
**www.oeschverlag.ch**
**www.joppverlag.de**

# Inhaltsverzeichnis

# Zu mir oder Wie ich zur Kinesiologie gekommen bin

Ich bin 1961 geboren, habe zwei Töchter und wohne seit 1992 mit meiner Familie in Nienhagen bei Celle.

Nach einer Buchhändlerausbildung und einem »Tritt in den Hintern«, den meine familiäre Situation mir verpasst hat, habe ich Sozialpädagogik studiert und bin seit 1989 als Sozialpädagogin im Gesundheitsbereich tätig, seit 1994 in eigener Praxis.

Weitere Wege waren die Ausbildung zur heilkundlichen Psychotherapeutin mit staatlicher Überprüfung, Fortbildungen im Neuro-Imaginativen-Gestalten, kinesiologische Fortbildungen und der Abschluss bei Three In One Concepts als Stressmanagementberaterin mit Lehrerlaubnis (Consultant Facilitator & Advanced Instructor). Nach einer zweijährigen, berufsbegleitenden Ausbildung ist die systemische Aufstellungsarbeit Bestandteil meiner Arbeitsweise geworden.

Meine Praxis, in der ich mit Kindern und Erwachsenen arbeite, befindet sich seit Juni 1999 in Nienhagen.

Als ich mich entschlossen habe, in eige-

ner Praxis tätig zu sein, wollte ich zunächst nur mit Erwachsenen arbeiten. Wie von selbst kamen dann Kinder und Jugendliche mit den unterschiedlichsten Problemen zu mir. So wurde die Arbeit mit Kindern und Jugendlichen schnell zu einem Schwerpunkt.

Egal, mit welchen Problemen und Lernblockaden sie zu mir kamen, ich kannte die Schwierigkeiten alle aus meiner eigenen Schulzeit. Ich selbst konnte damals noch wenig gegen meine Lernblockaden tun, zumal ich nicht wusste, dass es so etwas überhaupt gibt. Ich dachte, dass ich einfach dümmer sei als andere und mich nur bemühen könne, damit nicht aufzufallen. So habe ich im Unterricht ein aufmerksames Gesicht gemacht und konnte tatsächlich nichts aufnehmen von dem, was dort aus den Mündern meiner Lehrer kam.

Heute bin ich froh, dass vielen Schülern geholfen werden kann und sie vor allem sich selbst helfen können. Viele Übungen bringen eine spürbare Erleichterung, ohne dass professioneller Rat in Anspruch genommen werden muss. Bei tiefer gehenden Lernblockaden, die von Entwicklungsdefiziten und belastenden Erlebnissen aus der Vergangenheit herrühren, ist durch die professionelle kinesiologische Balance ein schnelles und wirkungsvolles Aufholen und Aufarbeiten möglich.

September 2007

*Marion Hoffmann*

# Wie du das Skript benutzen kannst?

Du musst das Skript nicht lesen! Ich weiß, dass du sehr viel zu tun hast, und gerade Zeiten, in denen sich Lernblockaden und Schwierigkeiten einstellen, sind Zeiten, in denen die Schule dich sehr in Anspruch nehmen wird. Und hier sind doch einige Seiten zusammengekommen.

Ich beginne mit einer Auflistung, in der du Übungen findest und das, wobei sie dich unterstützen können. Wenn dir diese Übersicht ausreicht, ist das alles, was du dir angucken kannst.

Wenn du die Übung ausprobieren willst, brauchst du auf den folgenden Seiten nur nachzuschlagen, wie sie funktioniert, und wenn es dich interessiert, kannst du nachlesen, warum und wie sie wirkt.

Ich arbeite jeden Tag mit Kindern. Manchen reicht es aus, dass die Übungen wirken, und viel mehr wollen sie darüber nicht wissen. Andere wieder können an die Übung nur glauben, wenn sie eine genaue Erklärung darüber bekommen, was das Rubbeln von Punkten oder das Überkreuzen der Beine mit dem Gehirn zu tun hat. Wie du selbst damit umgehen willst, soll dir überlassen sein …

Wenn du sehr viel Stress hast, kannst du auch erst mal Übungen machen und dann später einmal nachlesen, warum sie gewirkt haben.

Ich wünsche dir jedenfalls, dass sich das Lernen leichter für dich anfühlt oder du deine Hausaufgaben schnell erledigen kannst. Ein gut funktionierendes Gehirn schafft nicht nur ein besseres Selbstwertgefühl, es spart einfach auch Zeit, die man mit schulischen Dingen verbringt. Du weißt, dass es so viel mehr gibt als nur die Schule, vielleicht ist das sogar das Problem, das dich daran hindert, das Erforderliche für die Schule zu tun. Ich möchte dir dabei helfen, dass du ein Gleichgewicht findest zwischen dem erforderlichen Schulstoff und all dem, was es sonst noch gibt.

Spaß ist ganz wichtig für das Gehirn! Wenn du nur noch Frust hast, genervt bist oder dich geplagt fühlst, fällt in deinem Gehirn der Vorhang und es macht nicht mehr mit.

Mit den Übungen kannst du den Vorhang wieder aufziehen und es kann sich leichter anfühlen.

| *Gegen diese Probleme* | *hilft diese Übung:* |
|---|---|
| • Körperliche Probleme (Kopf-, Bauchschmerzen …) | Visualisieren »Heilung« oder »Spaziergang« |
| • Kopfschmerzen, Schwindel, geistige Müdigkeit | Wasser X-II-Überkreuzmuster |
| • Negatives Selbstbild (»Ich kann nicht«-Sätze) | AIZ |
| • Leseprobleme | »Liegende Acht«, AIZ |
| • Leseverständnis funktioniert nicht | AIZ |
| • Zuhören und Verstehen klappt nicht | Ohren-Einschalt-Übung |
| • Unangenehme Dinge liegen an (z. B. Mathearbeit, Zahnarztbesuch) | Stirn/Hinterkopf-Halten |
| • Irgendetwas war stressig und geht einem nicht aus dem Kopf | Stirn/Hinterkopf-Halten |
| • Konzentrationsprobleme | Wasser, X-II-Überkreuzmuster |
| • Schlechte Laune, motzen, sich angegriffen oder ungerecht behandelt fühlen | Augen- oder Stimmungspunkte |
| • Müde Augen | Einschaltpunkte – elektrische Überladung |

| *Gegen diese Probleme* | *hilft diese Übung:* |
|---|---|
| • Keine Lust zu irgendetwas | Augen- oder Stimmungspunkte, X-II-Überkreuzmuster |
| • Stress, Ärger, Anspannung | Wayne-Cook-Übung |
| • Sich Dinge (z. B. Vokabeln) schlecht merken können | X-II-Überkreuzmuster |
| • Unleserliches Schriftbild | »Liegende Acht« |
| • Nuschelige Aussprache | »Liegende Acht« |
| • Unaufmerksam sein, schlecht zuhören können | »Liegende Acht«, X-II-Überkreuzmuster |
| • Schussligkeit und Vergesslichkeit | »Liegende Acht« |
| • Ungeschickt sein | »Liegende Acht«, X-II-Überkreuzmuster, Einschaltpunkte – elektrische Überladung |
| • Zu langsam sein, Hausaufgaben dauern ewig | X-II-Überkreuzmuster |
| • Prüfungsangst | X-II-Überkreuzmuster |
| • Unentschlossen sein, sich nicht entscheiden können | X-II-Überkreuzmuster |
| • Verspannte Muskeln | X-II-Überkreuzmuster, AIZ |

# Was ist Kinesiologie?

Nicht alles, was ich auf den folgenden Seiten geschrieben habe, kommt aus der Kinesiologie. Manchmal habe ich anderswo nützliche Dinge gefunden, die ich habe einfließen lassen. Meistens sind es Erfahrungen und Ideen, die sich aus der Arbeit mit Kindern und Jugendlichen in meiner Praxis entwickelt haben oder aus dem täglichen Austausch mit meinen Töchtern.

Die Kinesiologie verbindet ein sehr altes chinesisches Wissen mit modernen wissenschaftlichen Erkenntnissen. Sie wurde Anfang der 1960er Jahre von einem Mann entwickelt, der beruflich mit dem Lösen von Muskelblockaden gearbeitet hat. Sein Name ist Dr. George Goodhardt.

Er hat entdeckt, dass jeder große Muskel am Körper mit Organen und Gehirnbereichen in Verbindung steht. Wenn er nun mit einem Muskel gearbeitet hat, der schlapp war, sich also nicht durch seine Arbeit stärken ließ, musste das dazugehörige Organ ein Energieproblem haben. Dr. Goodhardt hat über die Arbeit am Muskel das Energieproblem ausgeglichen und es musste gar nicht erst dazu kommen, dass das dazugehörige Organ krank wurde.

Aus diesen Anfängen haben sich dann ganz verschiedene Kinesiologie-Richtungen entwickelt. Es gibt heute Richtungen, die sich vorrangig mit der Gesunderhaltung beschäftigen, mit dem Lösen von Lernblockaden, es gibt die Sportkinesiologie, sogar die Tierkinesiologie und vieles mehr.

Allen gemeinsam ist der kinesiologische Muskeltest, mit dessen Hilfe der Kinesiologe aus dem Gehirn der Testperson eine Antwort erhält.

Das ist kein Hokuspokus, sondern die Sprache, mit der unser Körper sich verständlich zu machen versucht.

Manche Hirnforscher sagen, unser Gehirn sei das komplizierteste System im ganzen Universum.

Ob das nun stimmt oder nicht, klar ist, dass es viele Jahre intensiven Studiums braucht, um den Aufbau und die Funktionen des Gehirns gut zu verstehen. Um das Wirken von Stressoren auf unsere Lernfähigkeiten, unsere Gesundheit und die Wirkungsweise der kinesiologischen Übungen zu verstehen, reichen einige Einblicke aus, die gar nicht so kompliziert sind.

Du kannst dir das Gehirn als die Festplatte deines inneren Computers vorstellen. Alle darunterliegenden Körperfunktionen werden von dort gesteuert. Letztlich ist das Gehirn zuständig für deine Verdauung, deine Atmung, deine Muskelbewegungen und auch für deine Gefühle.

Wenn in diesem feinen Steuerungssystem etwas gestört ist oder sich einzelne Bereiche auf deiner Festplatte abgeschaltet haben, kommt es zu Störungen, die wieder andere Systeme beeinflussen. Diese Störungen nennt die Kinesiologie *Blockaden*.

Allen kinesiologischen Richtungen ist es wichtig, mit Hilfe des Muskeltestens solche Blockaden zu finden und zu lösen.

Das tut man, damit das Gehirn wieder gut geordnet, die einzelnen Gehirnbereiche gut vernetzt sind und der dazugehörige Mensch seine Fähigkeiten so optimal wie möglich entfalten und ausschöpfen kann.

Dein Gehirn, die Festplatte deines Körpers, wird durch Stress gestört und verwirrt. Stress kann für Körper und Gehirn alles Mögliche sein. Unangenehme Gefühle wie Angst und Sorgen genauso wie eine ungesunde Ernährung oder ungenügende Bewegung.

Auch den genauen Grund für Gehirnblockaden möchte der Kinesiologe herausfinden, um die Ursache für die Störung beseitigen zu können.

Nun ist es natürlich unmöglich, alle Ursachen zu beseitigen. Wenn man weiß, dass das Gehirn mit Mineralstoffen unterversorgt ist, kann man natürlich Abhilfe schaffen und sich anders ernähren. Wenn mein Gehirn es braucht, kann ich mehr Wasser trinken, mehr Obst essen und auf den »Big Mac« öfter mal verzichten. Wie kann man aber den Lehrer beseitigen, der einem jeden Morgen Magenschmerzen bereitet und mit seiner bloßen Anwesenheit Chaos im ganzen Gehirn auslöst?

Hierzu solltest du verstehen, dass Gegebenheiten und Ereignisse durch Gefühle zu Problemen werden. Für das Lehrerbeispiel heißt das, dass der Lehrer selbst kein Problem ist, sondern zunächst nichts weiter als ein Lehrer. Das Problem sind deine Gefühle, die sich einschalten, wenn du den Lehrer siehst. Und deine Gefühle kommen wieder aus deinem Gehirn und damit kannst du sie auch ändern. Wenn dein Gehirn ausgeglichen arbeitet, findet es eine Lösung für das »Problem Lehrer«. Die Lösung könnte sein, dass der Lehrer in deinem Gehirn statt wie bisher Wut oder Feindseligkeit Gelassenheit und Bereitschaft auslöst. Du musst ihn dann noch immer nicht mögen, aber du kannst weiterhin klar denken und wirst nicht von deiner eigenen Wut blockiert.

Das Problem, hier der Lehrer, ist also nicht wirklich das Problem, sondern das Wutgefühl, das der Lehrer in dir auslöst. Die Steuerung von Gefühlen ist ein Bereich in deinem Gehirn bzw. auf deiner Festplatte. Mit Hilfe der Kinesiologie lassen sich Gefühle ins Gleichgewicht bringen.

Was die Kinesiologen durch Muskeltesten herausgefunden haben, sind z. B. Übungen, die deine Festplatte aufräumen können. Da dein Gehirn Muskeln in Bewegung bringen kann, kön-

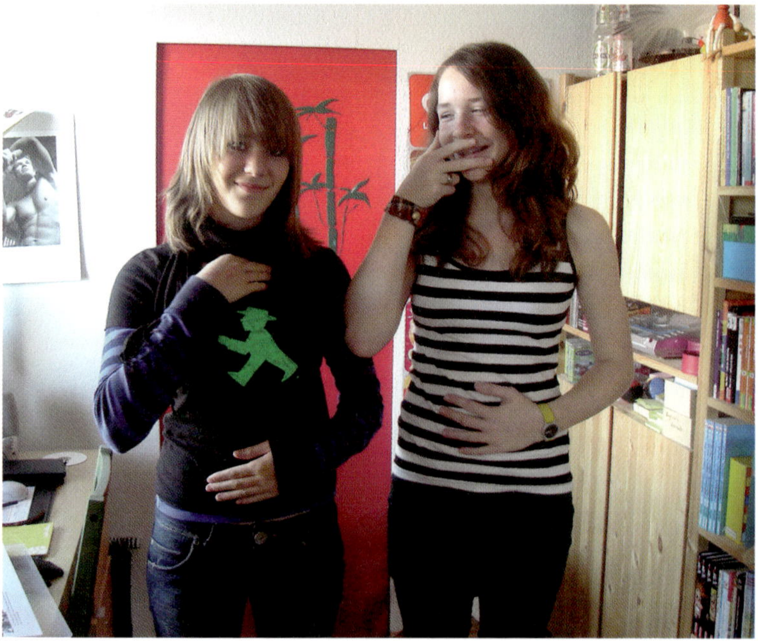

nen umgekehrt auch Muskelbewegungen die Aktivität deines Gehirns steigern. So haben die Übungen mit Bewegung zu tun oder mit dem Rubbeln von Anfangs- und Endpunkten von Energiebahnen in deinem Körper.

Die Übungen, die ich auf den folgenden Seiten ausgewählt habe, sind die, die am besten wirken bei der Auflösung von allen möglichen Gehirnblockaden.

*Hier kannst du aufschreiben oder zeichnen, was für Probleme du gern loswerden möchtest:*

# Wie entsteht eine Lernblockade?

Besonders in den USA hat man viele Versuche mit Haien durchgeführt, in denen man Experimente zu Herzreaktionen, Intelligenz, Betäubungsmitteln, Augenbewegungen und vielem mehr gemacht hat.

Meine Lehrer Gordon Stokes und Daniel Whiteside haben mit einem dieser Versuche ganz anschaulich das Entstehen von Lernblockaden erklärt.

Man hat einen Hai in einem großen Aquarium gehalten. In der Mitte wurde eine Glastrennwand eingelassen, die der Hai nicht sehen konnte. Dann hat man sein Futter in die Seite des Aquariums gegeben, die er zwar sehen, aber nicht erreichen konnte. Nun sind ja Haie sehr, sehr schnelle Beschleuniger. Er hat also Gas gegeben – und ist mit voller Wucht gegen die Glasscheibe gedonnert. Er hat dabei große Schmerzen gespürt, vielleicht ist er auch noch wütend geworden. Er hat es wieder probiert und noch ein oder zwei weitere Male. Irgendwann hat er dann aufgegeben. Er war so frustriert, dass er auf seiner Seite Kreise geschwommen ist, ohne der für ihn ja unsichtbaren Glasbegrenzung noch einmal zu nah zu kommen.

Später hat man die Glaswand entfernt. Der Hai ist dennoch nicht mehr über die Mitte des Aquariums hinausgeschwommen. Er wäre lieber verhungert, als sich nochmals so zu verletzen, und man musste ihm tatsächlich das Futter auf seine Seite geben.

Der Hai hatte nun diese unsichtbare Begrenzung eingespei-

chert und sein Gehirn darauf programmiert, ihm erneute Schmerzen zu ersparen.

Das nennen wir Kinesiologen eine *Blockade*.

Blockaden entstehen also dann, wenn wir Erfahrungen machen, die mit großem Schmerz oder großer Angst verbunden sind. Wie bei dem Hai kann die Erfahrung ein körperlicher Schmerz sein oder aber auch etwas, das deine Gefühle sehr verletzt hat. Was für dich ein großer oder eher ein kleiner Schmerz ist, hängt ganz von deiner bisherigen Lebenserfahrung und der Programmierung deines Gehirns ab.

Diese Tatsache sollte uns auch im Umgang mit anderen Menschen immer wieder mal an Achtsamkeit und Respekt erinnern. Wenn du zum Beispiel einen Satz nimmst wie »Du bist aber dick geworden!« und ihn an zwei unterschiedliche Mitschülerinnen richtest, könnte es sein, dass die eine den Satz einfach so hinnimmt, vielleicht lacht und sagt: »Stimmt!«, die andere hingegen zutiefst verletzt ist, den ganzen Nachmittag heulend in ihrem Zimmer sitzt und niemandem mehr begegnen möchte. Die jeweilige Reaktion ist nicht mit Vernunft zu steuern, sie kommt aus der Programmierung des Gehirns und bestimmt das Verhalten.

Diese Programmierung wird in deinem Gehirn in einem kleinen Bereich abgespeichert, der etwa hinter deinem linken Ohr liegt und es gewaltig in sich hat. Wir nennen diesen Bereich *Allgemeine Integrationszone,* das heißt nicht mehr, als dass neue Erfahrungen blitzschnell mit alten Erfahrungen verglichen werden und dein Gehirn dann die Anweisung bekommt, wie es mit dieser neuen Erfahrung umgehen soll.

Diese Zone ist so etwas wie dein Polizeirevier, das darüber wacht, dass dir nichts passiert, was dir schaden könnte.

Stell dir vor, du legst dich auf dein Bett, willst es dir so richtig gemütlich machen, legst deine Lieblingsmusik ein und wirfst dann noch ein Tuch über deine Lampe, um das Licht schummriger zu machen. Nach einer Weile schließt du die Augen und bist ganz ins Träumen versunken.

Plötzlich nimmt deine Nase einen Geruch wahr. Dieser Geruch wird von deinem Gehirn an die *Allgemeine Integrationszone*, dein Polizeirevier, gesandt. Hier wird schnell das Archiv durchgeblättert, die Polizisten werden fündig und erkennen die Bedeutung des Geruchs, nämlich Feuer, und melden das weiter an den Handlungsbereich deines Gehirns. Der sorgt nun dafür, dass du etwas tust. Deine Muskeln bekommen die nötigen Impulse, du springst auf und reißt das bereits schwarz gewordene Tuch von der Lampe.

Das Tuch ist zu heiß geworden und einen Augenblick später hätte dein Zimmer in Brand stehen können.

Würden deine Polizisten nicht immer wieder blitzschnell in deinem Archiv blättern, wärst du einer Menge Gefahren ausgesetzt. In diesem Beispiel hättest du dann zwar etwas gerochen, du hättest aber nicht gewusst, was dieser Geruch bedeutet und für Auswirkungen haben könnte. Du hättest ihn einfach wahrgenommen, ohne darauf zu reagieren. Es ist also nützlich, Lebenserfahrungen abzuspeichern, um immer wieder mal schnell darauf zurückgreifen zu können.

Diese abgespeicherten Erfahrungen nennt man auch *Glaubenssätze*. Stell dir vor, diese Sätze sind in deiner Polizeistation in einem Karteikasten abgelegt. Das sieht dann etwa so aus:

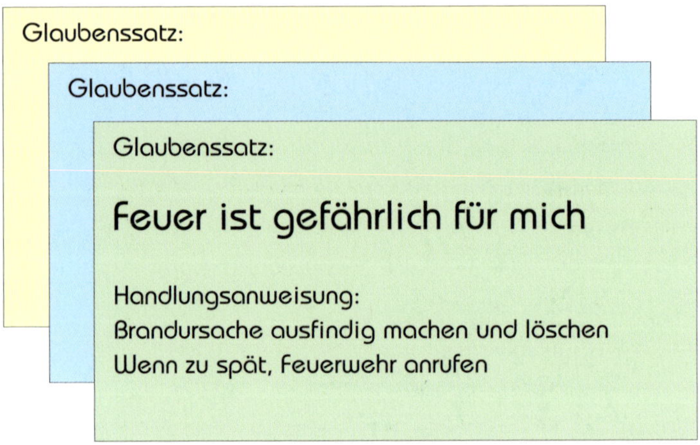


Nun sind dummerweise nicht nur nützliche Sätze in deinem Kasten abgelegt.

Vielleicht hast du die Erfahrung gemacht, dass Mathematik etwas Schmerzhaftes und Gefahrvolles für dich ist. Du hast vielleicht eine 5 geschrieben und noch eine zweite, es gab mächtig Ärger zu Hause, Hausarrest, Nachhilfe, du hast deinen Lehrer enttäuscht und allen gezeigt, dass du es nicht drauf hast. In Bezug auf Mathematik könnte daher folgende Karteikarte angelegt werden:

> Glaubenssatz:
>
> **Ich kann keine Mathe!**
>
> Handlungsanweisung:
> Gehirn abschalten, Mathe meiden, dumm stellen

Wenn dein Gehirn dir dann immer wieder diese Handlungsanweisung einspielt, machst du es wie der Hai. Du versuchst es noch einige Male mit der Mathematik, bis du irgendwann völlig frustriert bist und es aufgibst.

Solche Glaubenssätze begrenzen uns dann und sind uns wenig nützlich. Das Gehirn kann aber nicht anders und meint es gut. Deine Polizisten wollen dich vor neuen schlimmen Erfahrungen schützen.

Wenn du in dich hineinhörst, merkst du, dass du voll bist mit solchen Glaubenssätzen. Oft fangen sie an mit den Worten »Ich kann nicht … (schreiben, lesen, schnell laufen, einschlafen, Liebesbriefe schreiben usw.)«. Bei allen »Ich kann nicht«-Sätzen hast du es mit einer programmierten inneren Einstellung zu tun. Du kannst dann wie der Hai vor deiner Wand herumschwimmen oder du nimmst es als Herausforderung, schaust neu hin und überprüfst deinen Glaubenssatz. Kann ich wirklich nicht?

Manchmal ist das leichter gesagt als getan. Da deine Glaubenssätze wirklich dein Überleben sichern, sind sie auch so unglaublich schwer umzuschreiben, wenn sie erst einmal in deinem Polizeiarchiv gelandet sind.

Sie haben immer eine gute Absicht und wenn du das nicht sanft und liebevoll berücksichtigst, lassen sie sich nicht austreiben.

Mit den Übungen, die ich auf den folgenden Seiten vorgeschlagen habe, regst du die Gehirnbereiche an, die dir helfen, Glaubenssätze umzuschreiben. Besonders die Stirn/Hinterkopf-Halten-Übung ist da sehr, sehr hilfreich.

Alle Glaubenssätze, deren Ursprung du noch nachvollziehen kannst, lassen sich damit ganz gut zu einem neuen Satz umschreiben. Aus dem alten Glaubenssatz könnte ein neuer werden:

Glaubenssatz:

~~Ich kann keine Mathe!~~

**So schwer ist Mathe gar nicht!**

Handlungsanweisung:

~~Gehirn abschalten, Mathe meiden, dumm stellen~~

Ich gebe mein Bestes und lasse mich nicht entmutigen

Glaubenssätze, die sehr tief in den unterbewussten Bereichen deines Archivs abgelegt sind, sind schwieriger zu knacken. Wenn du an eine solche Begrenzung stößt, kann ein Profi-Kinesiologe helfen. Der hat gelernt, wie er über deinen Muskel in der körpereigenen Sprache mit deinem Gehirn reden kann. Er findet die Karteikarte, die dich daran hindert, neue Erfahrungen zu machen, und hilft dir dabei, deinen Glaubenssatz neu zu formulieren und in einer für dich besseren Formulierung abzuspeichern.

Wenn also dein bewusstes Archiv beteiligt ist, weißt du, dass ein bestimmter Lehrer, eine bestimmte Situation oder das Auslachen deiner Mitschüler an der Entstehung deiner Blockade beteiligt war. So hast du einen leichteren Zugang, um die Blockade mit den Übungen aufzulösen.

Wenn dein unbewusstes Archiv beteiligt ist, weißt du nicht mehr, warum du bei der Begegnung mit jedem Hund, und wenn es nur der kleine Dackel von Herrn Meyer ist, auf den nächsten Baum springen möchtest. Diese Blockade könnte ausgelöst worden sein, als du noch ein Baby warst. Du weißt vielleicht nicht mehr, dass dich damals ein Hund zu Tode erschreckt hat. Du hast dieses Ereignis vergessen. In deinem Archiv ist es aber gespeichert und deine Polizisten haben die Anweisung, dich vor allen Hunden zu beschützen.

*Fallen dir ein paar unnütze Glaubenssätze ein, die auf deinen Karteikarten stehen?*

Glaubenssatz:

Glaubenssatz:

# Bewegung und Lernen, Computerspiele und Fernsehserien

Computer und Fernsehen gehören zum Leben wie der Straßenverkehr. Es ist also keine Frage, ob du einen Computer benutzen solltest oder nicht. Die Frage ist eher, wie du so mit dem Computer umgehen kannst, dass dein Gehirn keinen Schaden nimmt. Genau wie du ja auch gelernt hast, eine Straße so zu überqueren, dass du heil dabei bleibst, und nicht mit Inlinern auf der Bundesstraße fährst.

Mit Hilfe des Computers kann man nützliche Dinge lernen und es gibt auch einige wenige Spiele, die ganz lehrreich und spaßig sind.

Ich möchte dich nur auf einige Gefahren hinweisen, damit du schauen kannst, wie du damit umgehen willst. Wenn Kinder und Jugendliche erhebliche Schulprobleme haben und damit in meiner Praxis landen, ist übermäßiger Computer- und Fernsehkonsum fast immer auch ein Thema.

Wenn du auf den Bildschirm schaust, fehlt dem Sehvorgang die dritte Dimension, die Tiefe. Je länger du auf den Bildschirm schaust, umso mehr schaltet sich deine Tiefenwahrnehmung aus.

Auch der entstehende Bewegungsmangel ist nicht zu unterschätzen. Wenn du häufig vor dem Fernseher oder dem Computer sitzt, bewegst du dich sehr wahrscheinlich zu wenig. Vielleicht wirst du das zunächst nicht glauben, weil du der Meinung bist, dich nebenbei noch genug zu bewegen. Da ist der Schulsport, du gehst von der Bushaltestelle zu Fuß nach Hause oder spielst vielleicht noch einmal pro Woche Handball.

Tatsächlich bewegen sich aber Kinder heute nur noch halb soviel wie noch vor 20 Jahren. Damals hatten die Haushalte nur ein Auto und die Mutter konnte ihre Kinder nicht bei leichtem Nieselregen zu ihren Verabredungen fahren. Auf den heute verwahrlosten Spielplätzen haben sich am Nachmittag noch Kinder und Jugendliche getroffen und beim Unterhalten geschaukelt, mit den Beinen gewackelt oder mal ein bisschen gehangelt, statt auf dem Sofa herumzulungern und beim Anschauen einer Soap auf die nächste Chat-Nachricht zu warten. Alles in allem kommt dabei ein beträchtliches Bewegungsdefizit zustande.

Auf Figurprobleme will ich hier nicht eingehen, aber die normalen Reife- und Wachstumsvorgänge des Gehirns brauchen ausreichend Bewegung, um angeregt zu werden.

Man hat herausgefunden, dass Jungs sehr viel empfänglicher dafür sind, sich regelrecht in Computerspiele zu verkriechen. Man sieht einen Zusammenhang darin, dass in den letzten 15 Jahren zunehmend mehr Jungs keinen Schulabschluss schaffen, häufiger sitzenbleiben und nicht nur seltener als Mädels das Abitur machen, sondern auch im Abitur um 0,4 Punkte schlechter abschneiden als die Mädels. Da lohnt es doch, mal wieder ein bisschen kicken zu gehen.

Eine weitere Gefahr ist die Einschränkung der Lern- und Gedächtnisleistung. Was du morgens in der Schule lernst, wird bei den Hausaufgaben vom Gehirn verarbeitet und wandert erst innerhalb der nächsten 12 Stunden in dein Langzeitgedächtnis. Der fließende Übergang vom Kurz- in das Langzeitgedächtnis wird wieder stark von Gefühlen beeinflusst. Wenn du aufgeregt oder gestresst bist, werden die im Kurzzeitgedächtnis abgelegten Erinnerungen verdrängt und können gar nicht erst im Langzeitgedächtnis ihren Anker auswerfen.

Und Computerspiele bauen fast immer auf viel Action und Schnelligkeit auf und sind dabei von wilden, nervigen Geräuschen begleitet. Wenn du dann noch vor dem Einschlafen Krimis und Actionfilme siehst oder aufreibende Computerspiele machst, werden genau die Schlafphasen gestört, die dafür sorgen, dass du im Schlaf Gedächtnisarbeit leistest. Das Vokabelheft in der Nacht unter das Kopfkissen zu legen ist nicht nur ein Witz!

Du kannst mal ehrlich mit dir sein und dir aufschreiben, wie viel du tatsächlich ins »Viereck« guckst. Es gibt verschiedene Richtwerte, die angeben, ab wann es für dein Gehirn brenzlig wird. Sie fallen aber sehr unterschiedlich aus.

In meiner Praxis teste ich es aus. Die Ergebnisse sind von Kind zu Kind verschieden, je nachdem, wie der Tagesablauf sonst noch gestaltet ist. Meist kommen aber nicht mehr als etwa zwei Stunden dabei heraus. Darüber hinaus wird die Hirnleistung bei den meisten Kids eingeschränkt.

Mein Mann muss beruflich sehr viel am Computer arbeiten. Zuerst hat er sich ein X aufgezeichnet und in die Ecke seines Computers geklebt. Dadurch, dass das Auge immer wieder mal auf das X schaut, bekommt das Gehirn den Anstoß, auch bei längerer Bildschirmarbeit gut zu funktionieren. Später hat er ein Programm geschrieben, das einen Punkt in Form der liegenden Acht als Bildschirmschoner über den Bildschirm wandern lässt. Das finde ich sehr schön und es tut auch mir gut, wenn mich der Bildschirmschoner in meinen Arbeitspausen durch die liegende Acht führt. Ich merke das daran, dass weder meine Augen noch

meine Gedanken ermüden. Wenn du möchtest, kannst du dir dieses Programm auf meiner Homepage www.marion-hoffmann.de herunterladen.

Was du tun kannst, um dein Gehirn toleranter gegenüber den Einflüssen der Bildschirme zu machen, ist erst einmal viel, viel Wasser zu trinken und dich gesund zu ernähren. Schau nebenbei auf ein X oder fahre mit den Augen die liegende Acht nach. Und dann bewege dich, so oft und viel wie möglich.

Alle im Skript beschriebenen Gehirnintegrationsübungen sind natürlich ebenfalls eine wertvolle Unterstützung.

*Hier kannst du mit Stift oder Augen der liegenden Acht nachfahren oder selbst Achten malen:*

# Woran erkenne ich eine mögliche Lernblockade?

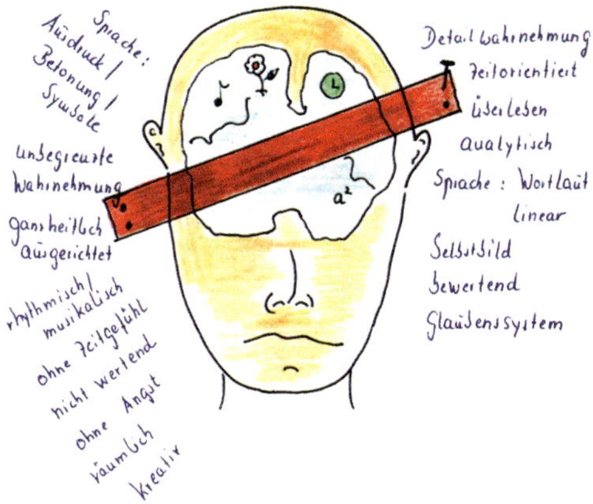


Vielleicht findest du etwas auf der folgenden Liste, das auf dich zutrifft, manchmal merken es aber eher andere als du selbst …

Rechts-links-Blockaden – Kommunikation

*Kennzeichen:*

- Ich bin unsicher in der Unterscheidung von rechts und links
- Ich mache ungeschickte Bewegungen, stolpere oder lasse viel fallen
- Mein Schriftbild ist schlecht und unleserlich
- Ich habe Schwierigkeiten beim Lesen und Rechnen

- Ich schreibe oft falsch von der Tafel ab
- Ich zeige keine oder nicht die gewünschte Reaktion auf Aufforderungen (merken meist Eltern oder Lehrer)
- Ich habe Probleme mit einer Richtung (Kreise oder Schleifen nur in eine Richtung malen können, keine liegende Acht malen können …)
- Ich drehe die Hand beim Schreiben ein
- Es fällt mir schwer, gegengleiche Bewegungen zu machen
- Ich habe Probleme, mir etwas vorzustellen
- d und b / d und g / b und q verwechsle ich manchmal
- Ich führe Selbstgespräche

Oben-unten-Blockade – Organisation

*Kennzeichen:*

- Ich benehme mich schwerfällig
- Ich bin unaufmerksam
- Ich spreche langsam oder schnell oder undeutlich
- Ich kann mich schlecht organisieren, habe immer irgendetwas Wichtiges zu Hause vergessen
- Ich gehe oft zu schnell oder zu langsam vor
- Ich habe Schwierigkeiten, etwas nachzuvollziehen
- Ich komme ständig zu spät oder bin immer der Letzte
- Ich will alles durchdiskutieren, kann schwer etwas so stehen lassen
- Herz (Gefühl) und Verstand (geistige Beweglichkeit) sind nicht im Gleichgewicht – ich werde entweder zu stark vom Kopf oder vom Gefühl bestimmt.

### Vorne-hinten-Blockade – Verständnis

*Kennzeichen:*

- Unflexibilität – ich werde sauer, wenn es plötzlich anders läuft, als ich es eingeplant habe
- Ich träume im Unterricht und schweife mit meinen Gedanken ab. Es fällt mit schwer, mich am Unterricht zu beteiligen.
- Ich kann schlecht abschalten und bin sehr zappelig.

Das Typischste, das du an dir selber wahrnehmen kannst, ist schlechte Laune, zu viel Wut, gekränkt sein, sich ungerecht behandelt fühlen … du bist einfach oft schlecht drauf und weißt selber nicht so recht warum.

*Hast du etwas auf der Liste gefunden?*

# Die ∞-Gehirnübungen

X-II – Das Überkreuzmuster S. 40

Die »Liegende Acht« S. 47

Die Einschaltknöpfe (elektrische Überladung) S. 55

Die Augen- oder Stimmungspunkte S. 59

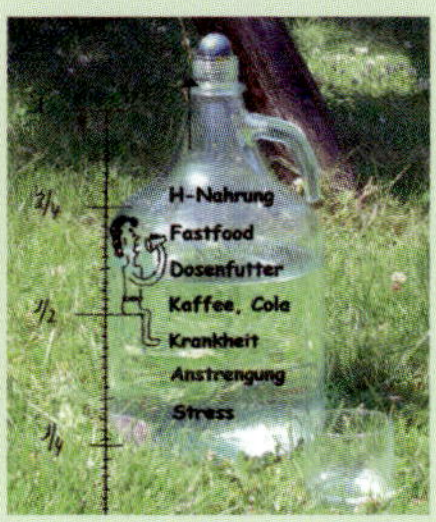


Wasser S. 63

Das Stirn/Hinterkopf-Halten (S/H halten) S. 69

Ohren-Einschalt-Übung S. 75

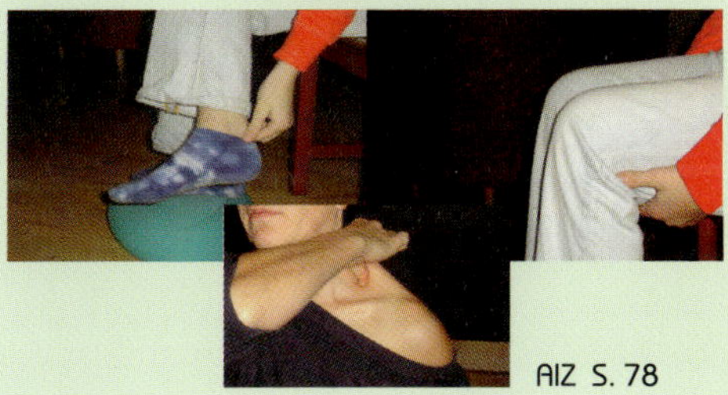

AIZ S. 78

## X-II – Das Überkreuzmuster

Ziele: schnelles Lernen, Konzentration, deutliches Hören und Sprechen, Gehirn-Körper-Reflexe zu entwickeln – wichtig für Sport und das Treffen von Entscheidungen
Hilft, Prüfungsängste zu überwinden und Gelerntes besser abrufen zu können, Gelesenes besser aufnehmen und merken zu können

Wenn du geboren wirst, machst du verschiedene Entwicklungsschritte durch, die dein Gehirn wachsen und reifen lassen. Und obwohl das Gehirn tatsächlich bis ins Alter reift und neue Aufgaben wahrnehmen kann, ist besonders die frühe Kindheit interessant, denn dort verlaufen solche Entwicklungsschritte sehr rasant.

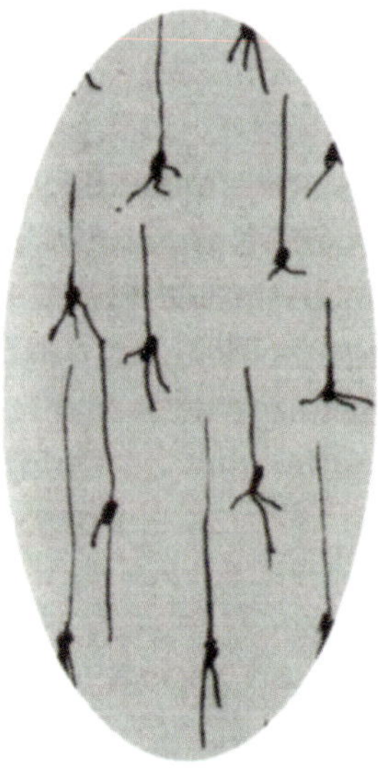

*Nervenzellen zum Zeitpunkt der Geburt*

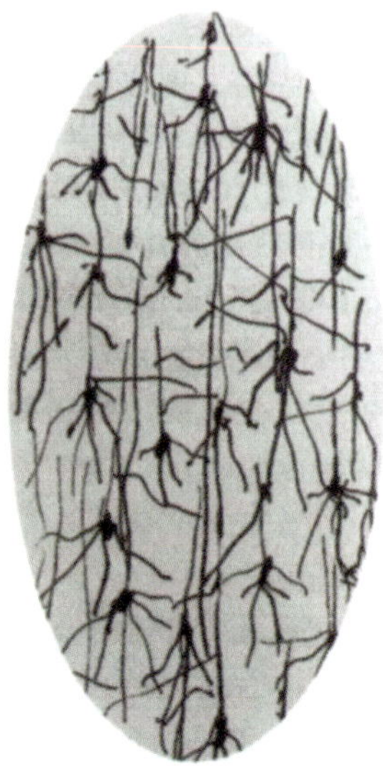

*Nervenzellen nach drei Monaten*

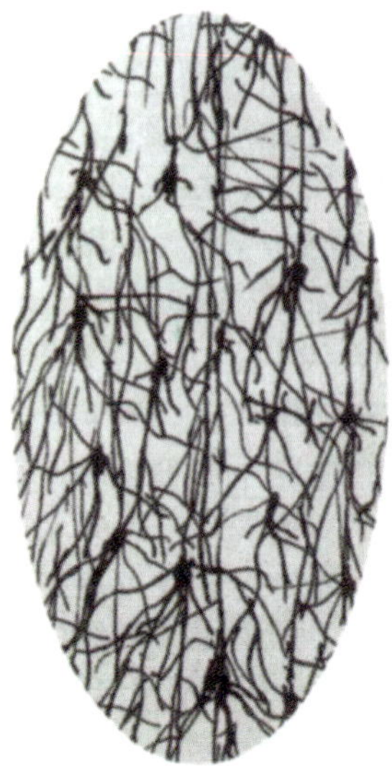

*Nervenzellen eines Dreijährigen*

So siehst du auf der Abbildung, wie sich die Nervenzellen in den ersten drei Lebensjahren entwickeln. Das geschieht durch Bewegungen, wie zum Beispiel das Krabbeln oder die Augenbewegungen, die das kleine Kind beim Entdecken der Welt macht und die die verschiedenen Gehirnbereiche einschalten und anregen, gut zusammenzuarbeiten.

Manchmal werden solche frühkindlichen Entwicklungsschritte ausgelassen, übersprungen oder du warst auf Grund von irgendwelchen Umständen oder Ereignissen mit anderem beschäftigt.

Ich hatte zum Beispiel in meiner Kindheit ein Problem mit meiner Hüfte. Statt zu krabbeln, musste ich eine sogenannte »Spreizhose« tragen. Die hat meine Beine fixiert und ich konnte sie nicht bewegen.

Eine meiner Töchter hatte zwar keine körperlichen Probleme, aber ich konnte sie nicht zum Krabbeln bewegen. Sie ist trotz aller Bemühungen auf dem Po herumgerutscht und hat das Krabbeln einfach ausgelassen.

Solche ausgelassenen Entwicklungsschritte können dazu führen, dass nicht genügend Nervenzellen entwickelt werden und es dann viel später zu Lernproblemen kommt. Da man aber heute weiß, dass Nervenzellen auch über die ersten drei Lebensjahre hinaus entwickelt werden können, kann man das Gehirn anregen, die einmal ausgelassenen Lernschritte zu einem späteren Zeitpunkt nachzuholen.

Wenn du massive Lese-Rechtschreib-Probleme hast oder auch Mathe einfach nicht begreifst, frage mal deine Eltern, ob du als Baby gekrabbelt bist. Vielleicht erzählen sie dir auch, dass das Fahrradfahren oder Schwimmenlernen schwer für dich war oder du sehr unflexibel und umständlich auf Veränderungen reagiert hast.

Möglicherweise beobachtest du auch des Öfteren an dir, dass du immer alles unter Kontrolle haben möchtest oder ständig Recht haben willst. In diesem Fall ist deine linke Gehirnhälfte dabei, die rechte Gehirnhälfte total zu überrennen.

Die folgende Übung kann dann besonderes hilfreich für dich sein. Du machst sie alles in allem etwa 2–3 Minuten lang. Vielleicht hast du noch eine Sanduhr vom Zähneputzen, die du durchlaufen lassen kannst.

*Und so wird es gemacht:*

Als erstes machst du Überkreuzbewegungen, die dein Gehirn anregen sollen, neue neurologische Schaltwege auszubauen.

Du nimmst deine rechte Hand, hebst das linke Bein und berührst mit der rechte Hand das linke Knie. Dann umgekehrt die linke Hand zum rechten Knie. Das machst du etwa 10-mal.

Jetzt machst du gleichseitige Bewegungen, also rechte Hand zum rechten Knie, linke Hand zum linken Knie. Wieder machst du das etwa 10-mal.

Diesen Wechsel zwischen Überkreuzbewegung und gleichseitiger Bewegung machst du 2 bis 3 Minuten immer so weiter. Zum Schluss achte darauf, dass du unbedingt mit Überkreuzbewegungen aufhörst!

Wenn du richtig sicher geworden bist, kannst du die Übung noch schwieriger machen und mehr Gehirnbereiche einbeziehen. Dann lässt du deine Augen, während du die Übung machst, zuerst im, dann gegen den Uhrzeigersinn kreisen.

Wenn dir auch das gut gelingt, kannst du dabei noch singen, Worte buchstabieren oder das Alphabet aufsagen.

Du darfst dir bei dieser Übung eine Lieblingsmusik einlegen und kannst dann so richtig mitschmettern.

Sollte diese Übung zu deiner Lieblingsbeschäftigung werden, kannst du dir auch neue Überkreuzbewegungen ausdenken. Nach hinten zum Beispiel oder wie ein Hampelmann …

*Mit welcher Musik machst du die Übung am liebsten?*

## Die »Liegende Acht«

Ziel: Verbesserung von Verständnis und Merkfähigkeit, Verbesserung der Koordination von linkem und rechtem Sehfeld
Hilft bei Leseproblemen, fördert lockeres und flüssiges Schreiben, ein besseres Schriftbild, deutliches Hören und Sprechen, mathematisches Denken

Wenn in unserem Gehirn ein Bild entsteht, muss das Gehirn blitzschnell all die Informationen verarbeiten, die deine Augen empfangen.

Was du siehst, wird ins Augeninnere übertragen, wo dann über 120 Millionen Sehzellen mit unterschiedlichen Aufgaben

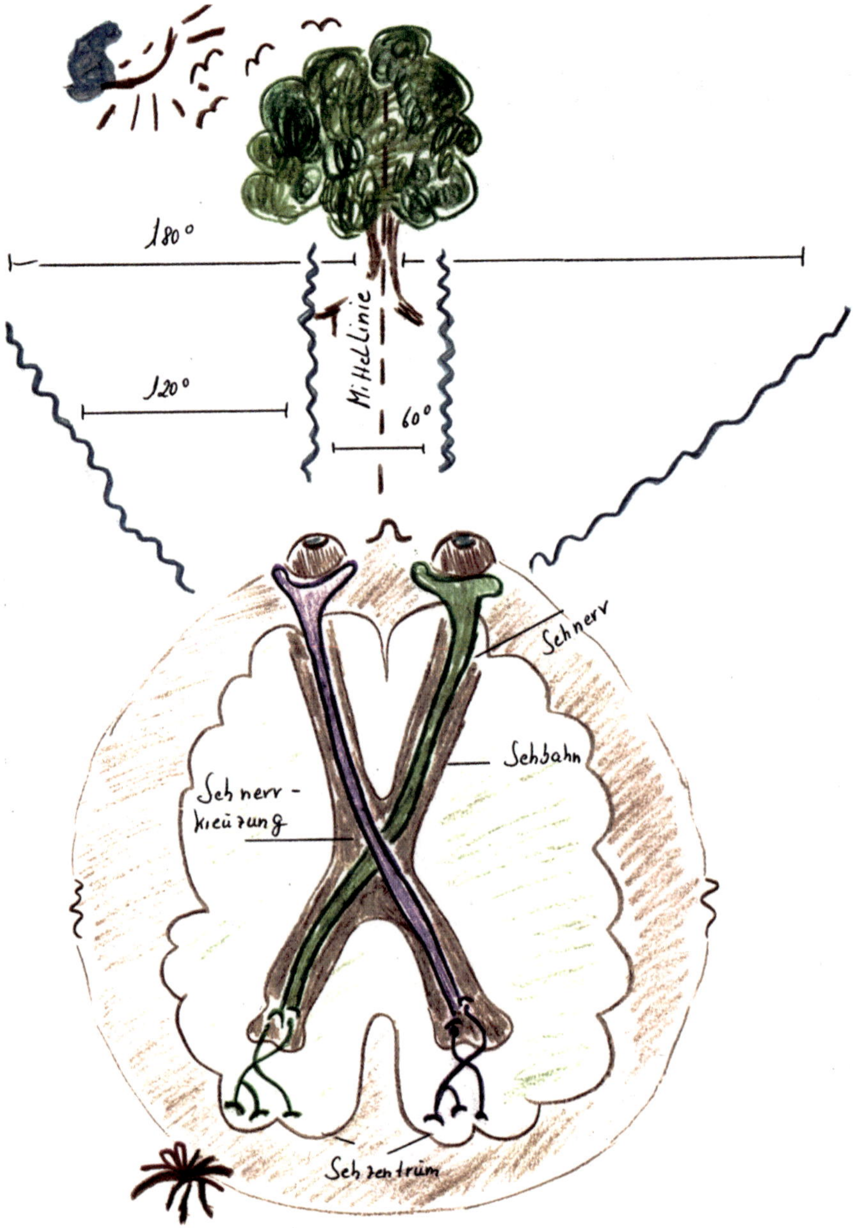
180°
120°
Mittellinie
60°
Sehnerv
Sehbahn
Sehnerv-
kreuzung
Sehzentrum

die empfangenen Informationen zu einem Bild zusammensetzen, Farben unterscheiden oder auch Geschwindigkeiten einschätzen. Das ist zum Beispiel deshalb ganz wichtig, damit du einem Gegenstand, der auf dich zufliegt, schnell ausweichen kannst.

Da auch die Sehwahrnehmung über Kreuz verläuft, wird die linke Gehirnhälfte eingeschaltet, wenn wir nach rechts schauen und das rechte Auge führt. Für das Einschalten der rechten Gehirnhälfte gilt nun umgekehrt, dass wir nach links schauen und das linke Auge die Führung übernimmt.

Meine Zeichnung stellt unser Blickfeld dar, das nämlich etwa 180 Grad beträgt. Jedes deiner Augen sieht ungefähr 120 Grad, in der Mitte überschneiden sich die Blickfelder beider Augen in einem Bereich von etwa 60 Grad.

Diese 60 Grad werden zum Problem, wenn deine beiden Gehirnhälften, die diesen Bereich in der Mitte gemeinsam an das Gehirn übertragen, nicht gut zusammenarbeiten. Dann wird das, was deine Augen direkt vor deiner Nase sehen, zu keinem sinnvollen Bild zusammengesetzt. Und was keinen Sinn macht, speichert das Gehirn auch nicht ab. So kann die eine Gehirnhälfte sogar das löschen, was die andere Gehirnhälfte bzw. das dazugehörige Auge gesehen hat.

Das merkst du nun daran, dass du vergesslich bist, dir Dinge oder Vokabeln schlecht merken kannst, du etwas lesen willst und es einfach nicht verstehst. Auch das, was im Unterricht besprochen wurde, scheint zu Hause wie weggeblasen, wie ausgelöscht. Du kannst vielleicht auch merken, dass dir viel Ungeschicktes passiert. Dazu gehören Stolpern, ständige kleine Unfälle oder es fällt dir immer wieder etwas um, wenn du bei Tisch über deine Körpermittellinie greifen musst. Manchmal ist auch die Handschrift gerade eben noch für dich selbst leserlich.

Die folgende Übung regt deine beiden Gehirnhälften dazu an, gut zusammenzuarbeiten und die Bilder aus dem Mittellinienbereich gemeinsam an das Gehirn zu übertragen und weiterzuverarbeiten.

*So funktioniert die Übung:*

Du streckst beide Hände gerade nach vorn aus und bildest mit den Händen ein Dreieck. Dann schaust du durch dieses Dreieck und malst etwa 10-mal eine große liegende Acht in die Luft.

Indem du durch das Dreieck blickst, beteiligst du deine Augen. Das ist wichtig, weil die Augenpositionen verschiede Gehirnbereiche einschalten. Auch die großen Muskeln schalten in andere Gehirnbereiche als die kleinen Muskeln, deshalb solltest

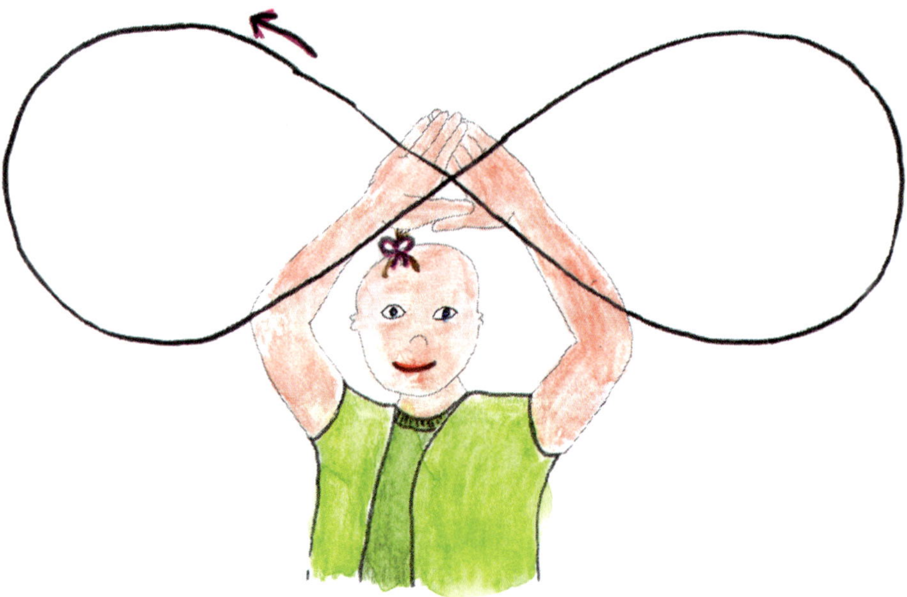

du bei diesem Durchgang großzügige Bewegungen machen und ruhig etwas in die Knie gehen.

Jetzt malst du etwa 10-mal ganz kleine liegende Achten in die Luft. Dabei benutzt du deine kleinen Muskeln und auch die Augen haben kaum noch etwas zu tun.

Male jetzt mit deiner Schreibhand, meist ist das die rechte, in die andere Handfläche etwa 10 liegende Achten. Dann umgekehrt, mit der linken Hand in die rechte Handfläche.

Jetzt hältst du dir mit einer Hand die Stirn, mit der anderen Hand den Hinterkopf und schließt dann die Augen. Mit geschlossenen Augen stellst du dir die Schritte 1–3 im Geiste vor. Das heißt, du stellst dir vor, wie du große Achten in die Luft malst, dann kleine Achten, dann mit rechts in die linke Handfläche und umgekehrt.

Eine schöne Übung, die du ergänzend machen kannst, ist die

**Wayne-Cook-Übung** oder das **Hook-ups**

Diese Übung wurde von Dr. Cook, einem Chiropraktiker, entwickelt. Er hat herausgefunden, dass sich bei dieser Übung alle Energie-Blockaden lösen lassen, die auf deinen 12 Energiebahnen oder fachsprachlich *Meridianen* durch Stress, Ärger und Anspannung entstanden sein können.

Mach die Übung einfach immer dann, wenn du das Gefühl hast, eine Pause zu brauchen. Du kannst sie im Sitzen oder im Liegen machen. Sie besteht aus zwei Teilen.

1. Teil: Lege zuerst den linken Fuß über den rechten Fußknöchel. Streck dann die Arme nach vorn aus, die Handflächen sind nach außen gekehrt. Dann legst du das linke Handgelenk über das rechte. Falte nun deine Hände und drehe sie so ein, dass du sie gefaltet auf deiner Brust ablegen kannst. Schließe die Augen und atme nun einige Male tief ein und aus. Bein Einatmen drückst du deine Zunge gegen deinen oberen Gaumen, beim Ausatmen entspannt sich die Zunge.

2. Teil: Stelle oder lege deine Füße wieder nebeneinander, kremple deine Hände auseinander und bringe dann die Fingerspitzen beider Hände zusammen. Atme wieder einige Male tief ein und aus, bis du in deinen Fingerspitzen ein Kribbeln oder leichtes Klopfen verspürst.

*Hast du ein Kribbeln oder Klopfen gespürt? Wo?*

## Die Einschaltknöpfe (elektrische Überladung)

Muntermacher – Elektrische Überladung

Ziel: Augenenergie aktivieren, Koordination beider Gehirnhälften, Verbesserung des Links-rechts-Körpergleichgewichts

Die Punkte, die du hier reibst und damit aktivierst, sind *»Meridian«-Anfangs-* oder *-Endpunkte.* Die Meridianlehre kommt aus der chinesischen Medizin. Meridiane sind Bahnen, auf denen Energie fließt. Sie sind einzelnen Organen zugeordnet und sorgen für eine Gleichverteilung der im Körper gebrauchten Energie. Energie geht nicht verloren, ein Ungleichgewicht kann jedoch dazu führen, dass an einer Stelle zu wenig Energie vorhanden ist, dafür an anderer Stelle zu viel. Das ist dann wie auf einer Autobahn. Sicher bist du schon einmal eine längere Strecke auf der Autobahn unterwegs gewesen. Manchmal ist sie so wenig befahren, dass du dich fragst, warum für diese wenigen Autos eine dreispurige Autobahn in die Landschaft gebaut werden musste. Dann bist du kurz vor München und findest dich plötzlich in einem 5 Kilometer langen Stau wieder. Die Verteilung ist nicht im Gleichgewicht.

So ähnlich kannst du dir die Energieverteilung in deinem Körper vorstellen. Wenn es sich irgendwo staut, zum Beispiel bei der Magenenergie, ist das unangenehm. Du spürst diese Überladung genauso, wie du nicht gerne in einem Stau vor München feststeckst.

Dieses Zuviel an Energie fehlt dir vielleicht auf der Nierenenergie-Autobahn. Da deine Augen, deine Fähigkeit, Informationen aufzunehmen und zu behalten, und auch dein Gleichgewichtssinn von dieser Energie versorgt werden, funktioniert hier nicht mehr alles so, wie es sollte.

Wenn das Gehirn von zu vielen Informationen überlastet ist oder auch wenn eine unbewusste Angst auftritt, fällt der Körper in einen Zustand von Überladung. In der Sprache der Körperenergie bedeutet das ein Ungleichgewicht auf deiner Autobahn. Anders ausgedrückt sind die elektrisch-magnetischen Energiefelder der linken und der rechten Körperhälfte gemeint. Dieses Ungleichgewicht wirkt nun in etwa so, als ob du zu viele Stromabnehmer an eine einzige Leitung hängst – also Kühlschrank, Herd, Computer, Waschmaschine und alles, was sonst noch im Haus zu finden ist – und die Sicherung zum Durchbrennen bringst. Oder anders: vor München stehen 100 LKW, die dort gar nicht gebraucht werden, während in Nürnberg die Geschäfte auf ihre Ware warten.

Informationen kommen nicht da an, wohin sie sollen, oder werden als verwirrende Botschaften an das Gehirn weiter vermittelt.

*So wird die Energie wieder ins Gleichgewicht gebracht:*

Während du die folgenden Punkte reibst, legst du immer die jeweils andere Hand auf den Bauchnabel. Die Berührung der Punkte sollte immer mit dem Daumen oder mit sich berührenden Zeige- und Mittelfinger erfolgen. Das ist so, damit die natürliche Energieverteilung in deinen Händen und Fingern die verstopfte Autobahn nicht noch zusätzlich belastet.

1. Energiepunkte (Nierenmeridianpunkte)
   Lage: unter dem Schlüsselbein als kleine Mulden zu fühlen

Neben dem Ohr dienen auch die Nieren als Gleichgewichtsorgan; es wird neben der Nierenmeridian-Energie auch der Gleichgewichtssinn gestärkt, die Augen werden entspannt, die Aufmerksamkeit erhöht, Informationen werden besser aufgenommen, verarbeitet und behalten; beide Körperseiten werden ausbalanciert, linke und rechte Gehirnhälfte arbeiten besser zusammen.

2. Anschalt-, Erdknöpfe (Zentral- und Gouverneursmeridian-Anfangspunkte)
   Lage: Punkte auf der Mittellinie oberhalb der Oberlippe und unterhalb der Unterlippe

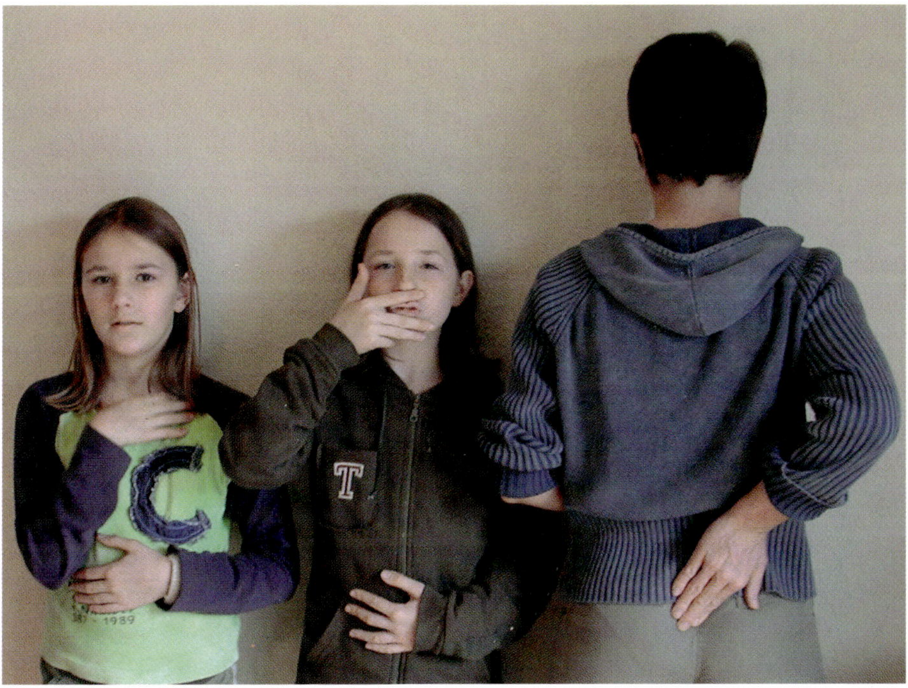

Integration von oben und unten sowie vorn und hinten. Die Kommunikation zwischen verschiedenen Gehirnbereichen wird optimiert, die Wahrnehmung mit allen Sinnen gesteigert und die Koordination von Bewegungsabläufen verbessert sich.

3. Raumpunkt (Gouverneursmeridian-Endpunkt)
   Lage: auf dem Steißbein

Fördert die Fähigkeit, im Mittelfeld zu arbeiten, die Tiefenwahrnehmung und die Wahrnehmung des visuellen Umfeldes werden angeregt, das zentrale Nervensystem entspannt sich, Konzentration, Motivation und Organisationsfertigkeiten werden gesteigert.

## Die Augen- oder Stimmungspunkte

Ziel: bessere Laune und umgänglichere Reaktionen

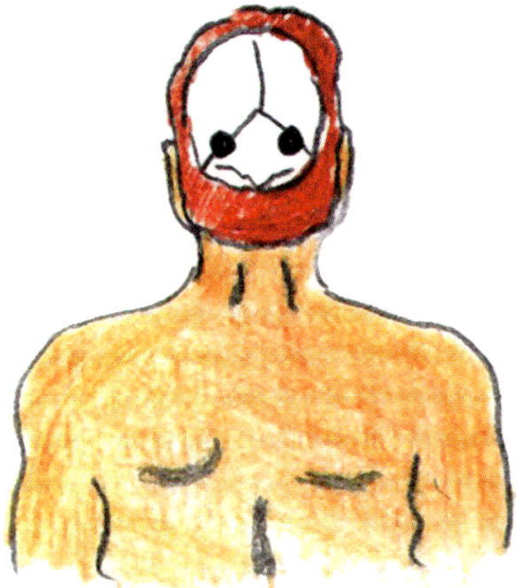

Die folgende Übung ist nicht so ganz typisch im Zusammenhang mit Lernblockaden. Ich habe sie ausgewählt, weil ich sie in meiner Praxis häufig als unterstützende Hausaufgabe auch für Kinder und Jugendliche austeste. Sie scheint mir deshalb wichtig zu sein und die Kinder erzählen mir, dass sich ihre Laune durch diese Übung stark verbessert.

Unsere Gefühle sind im Gehirn in unterschiedlichen Gehirnbereichen abgelegt. Jeder von uns hat gelernt, unter Stress in eine ganz bestimmte Richtung zu sehen und damit ein ganz bestimmtes Gefühl einzuschalten, mit dem wir dann auf diese stressige Situation antworten.

Ich weiß noch genau, wie das Genervtsein meiner Mutter durch ein typisches Augenrollen eingeleitet und begleitet wurde. Vielleicht hast du so etwas auch schon beobachtet.

Wohin wir unter Stress blicken, wird allmählich zur Gewohnheit und unter Stress wird unser Verhalten von dem Gefühl, das diese Blickrichtung einschaltet, begleitet. Dann sehen wir vielleicht keine andere Lösung mehr, als herumzumotzen, uns angegriffen zu fühlen oder uns in ablehnendes Gelangweiltsein zurückzuziehen.

Mit Hilfe der Augenpunkte schalten wir alle Zentren ein, in denen Gefühle und die Erinnerung an Gefühle abgespeichert sind. Sie schalten unser rechtes und linkes Zentrum für die Erinnerungen, die wir unter Beteiligung des Sehens eingespeichert haben, ein (primäre Zentren für visuelle Erinnerung).

Dein Gehirn lernt dabei, grundsätzlich und besonders in stressigen Momenten aus der ganzen Palette von Gefühlen auswählen zu können.

Wenn du zum Beispiel immer dann, wenn dein Bruder dein Zimmer betritt, feindselig wirst und den nächstbesten Gegenstand nach ihm wirfst, könnte dein Gehirn durch diese Übung lernen nachzuschauen, ob dir vielleicht auch ein anderes Gefühl zu Verfügung steht. Statt gleich zu reagieren, würdest du eher die Möglichkeiten fühlen, auch mal eine neue Reaktion auszuprobieren.

Du hättest dann die Wahl und fühltest dich ausgeglichen …

*So funktioniert die Übung:*

Die Augenpunkte liegen am Hinterkopf, ziemlich genau gegenüber von deinen Augen. Du fühlst sie als kleine Mulden, die mehr oder weniger stark ausgeprägt sind. Du müsstest sie ungefähr 5 cm rechts und links der Mittellinie finden und 5 cm oberhalb des Schädelansatzes.

Wenn du sie gefunden hast, massierst du sie leicht mit den Daumen oder mit sich berührendem Mittel- und Zeigefinger. Das machst du so, wie es dir angenehmer ist. Jetzt schaust du für etwa 10 Sekunden in alle neun Blickrichtungen. Also geradeaus, nach oben, nach oben rechts, gerade nach rechts außen, unten rechts, ganz unten, unten links, gerade nach links außen, links oben.

Der Kopf bleibt dabei geradeaus gerichtet und du solltest spüren, dass der Augenmuskel etwas dabei tut, also ein leichtes Ziehen in den Augen verspüren.

Dann machst du, während du noch weiterrubbelst, eine liegende Acht mit den Augen und zum Schluss einen Kreis.

Den ganzen Vorgang kannst du dann noch einmal mit geschlossenen Augen wiederholen.

Du kannst diese Übung regelmäßig sozusagen vorbeugend anwenden. Oder du setzt sie ein, wenn ein unangenehmes Gefühl in dir aufsteigt. Also erst Punkte rubbeln, dann auf den Bruder reagieren.

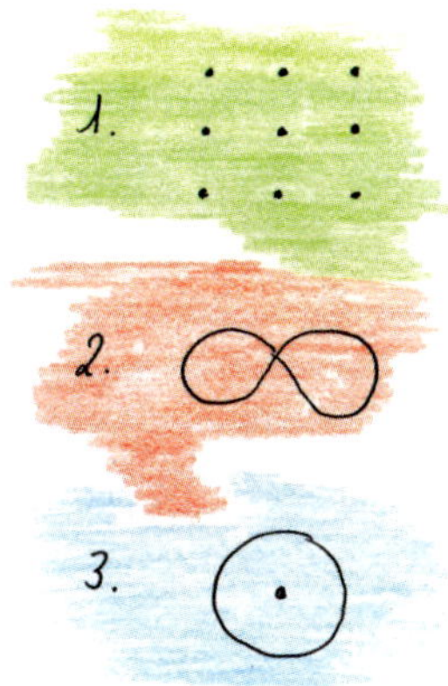

*Stell dir ein paar nervige Situationen vor. Wohin schauen deine Augen? Immer in die gleiche Richtung?*

# Wasser

Zum Thema Wasser ist so viel Wissenschaftliches und Nichtwissenschaftliches geschrieben worden, dass du dich lange damit beschäftigen könntest. Hier sollen einige Fakten ausreichen, die dir dabei helfen können, die Notwendigkeit des Wassertrinkens anzunehmen. Ich weiß, dass es zu Anfang eine der schwierigsten Übungen sein kann, dem Körper ausreichend Wasser zur Verfügung zu stellen.

Das liegt nur bedingt an Unkenntnis oder mangelndem Willen. Normalerweise sendet unser Körper Durstbotschaften, die uns veranlassen würden, unsere ermüdeten Körperzellen mit Wasser zu erfrischen. Wenn wir diese Botschaften nun schon über Jahre überhört haben und unserem Körper statt dem angeforderten Wasser Fanta, Apfelschorle oder schlimmer noch Cola angeboten haben, gibt der Körper es auf und hört auf, überhaupt noch Botschaften auszusenden.

Der Durst, den wir nach dem Sport oder bei

großer Hitze verspüren, ist dann eigentlich schon eine absolute Notsituation des Körpers.

Egal, was du sonst noch lernen möchtest, du wirst zunächst nicht drum herum kommen, wieder auf die Durstbotschaften deines Körpers hören zu lernen.

Wenn dein Gehirn und dein Nervensystem arbeiten (sollen), laufen elektrische und chemische Vorgänge ab, die nur dann gut funktionieren können, wenn die Bahnen zwischen Gehirn und Sinnesorganen leitfähig sind. Diese Vorgänge sind die Basis von Lernen und Bewegung. Die Leitfähigkeit für elektrische Energie wird durch Wasser sichergestellt.

Der Körper besteht zu ca. 70 % aus Wasser, das Gehirn hat sogar einen Wasseranteil von 90 % seines Gewichts.

Durch Schwitzen und normale Stoffwechselvorgänge verlierst du ständig Wasser, das du wieder zuführen musst.

Eine Faustregel besagt, dass ein Erwachsener 2 % seines Körpergewichtes an Wasser trinken sollte. Und damit ist wirklich reines Wasser gemeint – nicht Cola, nicht Fanta, nicht Eistee oder Vitaminsaft. Wenn du dem Wasser irgendetwas beimengst, wird dieses Getränk vom Körper wie ein Nahrungsmittel verstoffwechselt und kann nicht mehr als elektrischer Leiter dienen.

Wenn du also zum Beispiel 60 Kilo wiegst, empfiehlt dir die Faustregel 1,2 Liter Wasser pro Tag, zusätzlich zu allem anderen, was du sonst noch so trinkst. Wenn du krank bist, Stress hast oder dich besonders anstrengst, braucht der Körper auch schon mal die doppelte Menge.

Je mehr Stress du hast, umso mehr Wasser brauchst du. Und wer verbringt schon einen entspannten Vormittag in der Schule.

Außerdem gibt es einige andere Dinge, die den Körper zusätzlich entwässern.

Kaffee und Alkohol gehören dazu, sollten aber bei dir noch

kein Thema sein. Wenn du anfängst, den Erwachsenen abzugucken, dass nur Kaffee am Morgen dich wach werden lässt, versuche es mit Wasser. Das Meiste an der »angeblichen« Kaffeewirkung ist ohnehin Einbildung.

Du solltest bedenken, dass vor-verarbeitete oder haltbar gemachte Nahrung kein Wasser enthält (so wie Früchte und Gemüse) und ebenso wie Kaffee entwässernd wirkt. Auch die Arbeit an elektronischen Geräten (wie Computer- und Fernsehbildschirmen) entwässern den Organismus.

Wie viel Wasser du benötigst, ist also ganz entscheidend davon abhängig, wie du deinen Tag verbringst und wie du dich ernährst.

Hilfreich kann es sein, wenn du einen Krug mit deiner Tagesration Wasser auf den Tisch stellst. Dann kannst du gleich zugreifen, wenn du Durst verspürst, und hast am Abend eine bessere Kontrolle darüber, wie viel du getrunken hast.

In den meisten Gegenden kann man gut das Wasser aus der Leitung trinken. Mineralwasser ist mit Mineralien gesättigt und daher nicht mehr so aufnahmefähig. Stilles Wasser ist besser, aber wenn du nur Mineralwasser magst, fängst du eben damit an.

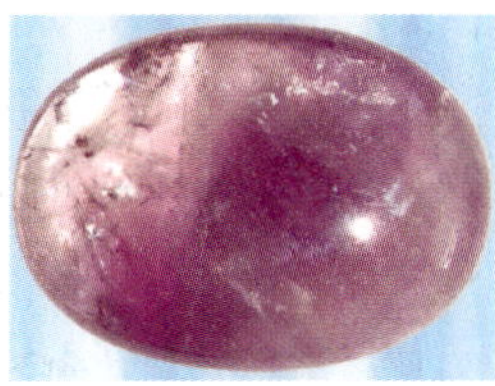

Wenn du in deinen Wasserkrug einen Bergkristall, einen Amethyst oder einen Rosenquarz legst, kannst du dein Wasser gleich noch etwas aufwerten. Ob du an die Wirkung von Edelsteinen glaubst oder nicht, ist dabei erstmal egal. Wasser hat eine ganz bestimmte Struktur, die durcheinandergerät, wenn es durch eine dunkle Rohrleitung fließt. Es kommt dann sozusagen »verwirrt« aus dem Wasserhahn und muss sich wieder zu seiner ursprünglichen Struktur ordnen, um seine Aufgaben im Körper erfüllen zu können. Diese Struktur ist auch in den genannten drei Edelsteinen vorhanden und sie zeigen dem Wasser, wie es sich ordnen kann.

Es ist nicht falsch, wenn du deinen Körper mit einem Garten vergleichst. Wenn der im Sommer kein Wasser bekommt, wächst nichts und alles vertrocknet. Das können wir sehen und greifen zur Gießkanne. Die Vorgänge in unserem Körper können wir nicht sehen, aber es gibt einige Dinge, die wir merken können, wenn unser innerer Garten vertrocknet.

Wie im Garten ist es auch für die Zellen in deinem Körper besser, wenn du regelmäßig über den Tag verteilt trinkst. Die Erde kann das Wasser auch viel besser und gleichmäßiger aufnehmen, wenn es regnet oder du den Sprenger anstellst. Wenn du eine große Menge Wasser auf die Erde kippst, ist das Wasser bald irgendwohin verschwunden und die Erde wieder trocken.

Wenn deinem Körper Wasser fehlt, merkst du das an

- Kopfschmerzen, Schwindel, geistiger Müdigkeit
- du bist unkonzentriert, magst dich nicht bewegen oder am Unterricht beteiligen
- du bist geistig und körperlich »ungeschickt«

*Wasser erfrischt richtig!*

*Hast Du schon mal einen »richtigen« Wasserfall von nahem gesehen? Wie fühlt sich dort die Luft an?*

## Das Stirn/Hinterkopf-Halten (S/H-Halten)

Unsere Hände sind mehr als Greifwerkzeuge. Hände enthalten sogenannte Reflexzonen und bilden unsere gesamte körperliche Situation ab.

Hände sind Zonen, in denen du sehr viel Energie hast.

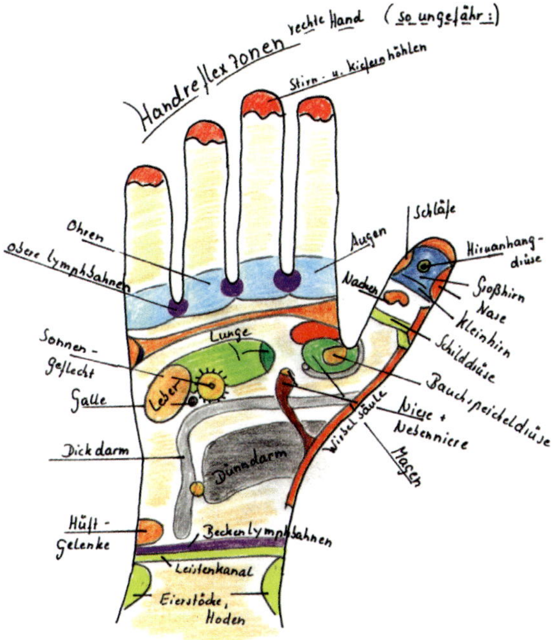


Wenn du deine Hände auf Stirn und Hinterkopf legst, aktivierst du zwei Gehirnbereiche, die dir dabei helfen, mit alten und neuen Stresssituationen besser umzugehen.

In der Stirn liegt das Zentrum für »bewusstes verbindendes Denken«, ich nenne es einfach Vorderhirn. Hier denkt das Gehirn sich neue Möglichkeiten aus und arbeitet ganz in der Gegenwart. Der Bereich in deinem Hinterkopf, das »Bilder empfangende Sehzentrum«, hilft dir dabei, die Möglichkeiten, die das Vorderhirn sich ausdenkt, auch als eine Lösungsmöglichkeit vor deinem inneren Auge zu erkennen.

Wenn du also zum Beispiel eine Mathearbeit schreibst und die Aufgaben durchliest, brauchst du das Vorderhirn, um die Aufgaben in aller Ruhe anzusehen und darüber nachzudenken, wie du sie wohl lösen kannst. Der hintere Gehirnbereich hilft dir, die Lösung innerlich zu sehen.

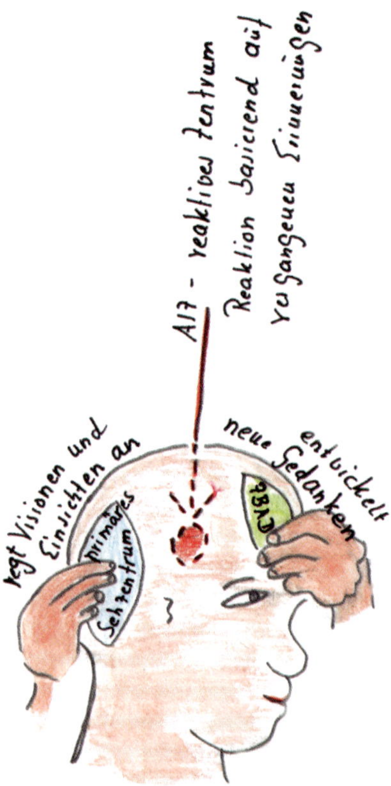


Genauso funktioniert es mit allen anderen neuen Situationen, von dem Erlernen neuer Vokabeln bis hin zu: »Wie bringe ich meinen Eltern bei, dass ich Mist gebaut habe?«

Der Sinn des S/H-Haltens ist immer, die Einmischung der AIZ (= Allgemeine Integrationszone, Karteikasten im Polizeirevier) zu umgehen, die ich im Kapitel »Wie entsteht eine Lernblockade?« vorgestellt habe.

Die Einmischung der AIZ erfolgt unter Stress. Sie flüstert dir Sätze zu, die deinen Stress bis zu einem »Totalausfall« steigern können. Das sind dann Sätze wie »Mathe kann ich sowieso nicht«, »Bestimmt schreibe ich wieder eine 5« oder »Ich kann mir Vokabeln einfach nicht merken« …

Das S/H-Halten kannst du einsetzen, um

- in der Gegenwart zu bleiben und dich nicht von alten Erfahrungen (z. B. schlechten Noten) in Stress bringen zu lassen
- gegenwärtigen Stress (z. B. Panik in der Klassenarbeit) oder Ängste, die die Zukunft betreffen (z. B. die morgen anstehen-

de Klassenarbeit oder der bevorstehende Zahnarztbesuch …) zu mildern

- alte Stressoren, die behindernde Gedanken in dein Gehirn programmiert haben (z. B. »Ich bin nicht gut im Aufsatzschreiben«) im Nachhinein umzuprogrammieren

*Und so funktioniert es:*

Das Vorderhirn arbeitet ohne Stress, ist in der Lage, vergangenen Stress aufzulösen und Zukunftssorgen abzubauen.

Grundsätzlich schaltest du dein Vorderhirn durch Wahlen/Entscheidungen/Durchdenken neuer Möglichkeiten ein. Deshalb ist es bei dieser Technik erlaubt, hemmungslos zu phantasieren oder den folgenden Trick mit dem Rahmen zu verwenden.

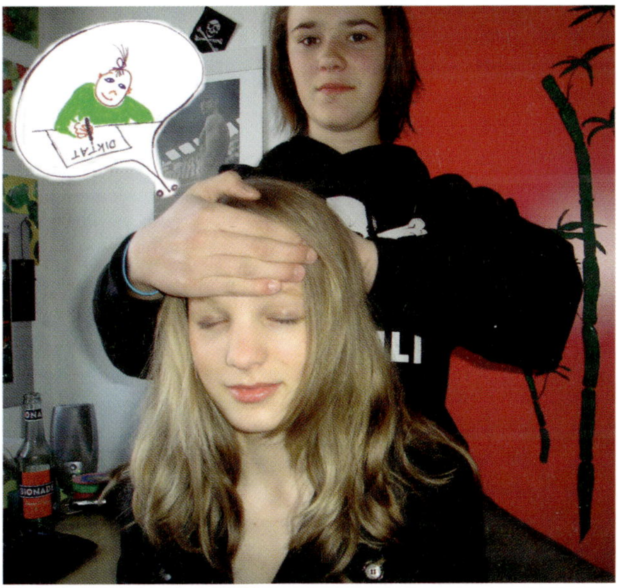

Dem Gehirn ist es völlig egal, ob das, was du denkst, erlaubt ist oder wahr. Du denkst nur, um das Vorderhirn einzuschalten, eine sinnvolle Lösung kommt dann von ganz allein, wenn es stressfrei arbeiten kann.

Du denkst dir die Situation im Geiste, die beispielsweise morgen auf dich zukommt. Du siehst dir also selber in Gedanken dabei zu, wie der Lehrer den Klassenraum betritt, die Arbeitshefte verteilt, du ruhig und gelassen dasitzt und eine Aufgabe nach der anderen löst. Um möglichst viele Sinne einzuschalten, kannst du dir auch vorstellen, was du hören wirst, z. B. das Rascheln von Papier oder ein Flüstern deiner Mitschüler. Vielleicht gelingt es dir, den Geruch in deinem Klassenzimmer zu empfangen oder dir vorzustellen, wie sich der Stift zwischen deinen Fingern anfühlt.

Das machst du so lange, bis du dich wirklich ganz ruhig fühlst.

Dann hältst du die Situation an, machst ein Standbild oder stellst dir vor, du fotografierst die Situation. Für dieses Bild denkst du dir dann einen Bilderrahmen. Wenn du ihn deutlich sehen kannst, zum Beispiel einen schmalen Rahmen aus hellem Holz, gibst du deinem Vorderhirn die Aufgabe, den Rahmen zu verändern, z. B. eine Verzierung in das Holz zu machen. Dann stellst du dir eine weitere Veränderung vor, z. B. den Rahmen farbig zu machen … und so fort.

Nachdem du drei, vier Veränderungen durchgespielt hast, ist dein Vorderhirn voll am Arbeiten und lernt dabei, stressfrei zu funktionieren.

Wenn du schließlich am nächsten Tag tatsächlich die Klassenarbeit schreibst, erinnert sich dein Gehirn an die Übung und denkt sich sinngemäß: »Die Situation kenne ich doch schon, die habe ich erst gestern ganz ruhig und gelassen erlebt. Dann kann ich ja heute wieder ohne jede Aufregung damit umgehen.«

So ähnlich kannst du auch vergangenen Stress wieder aus deiner Programmierung streichen.

Wenn du Stress gehabt hast – nehmen wir einmal an, du hast dich in deiner Clique ganz fürchterlich blamiert –, schaust du dir diese Stresssituation im Geiste noch einmal so genau wie möglich an und machst dann ein Foto. Rahmen drum, drei- oder viermal den Rahmen verändern. Dabei löst sich der alte Stress auf und wenn du wieder in deine Clique kommst, gehst du gelassen damit um, dass dir diese Pleite passiert ist. Es ist dir nicht mehr peinlich und du möchtest nicht mehr im Boden versinken.

Je öfter du die Übung einsetzt, umso schneller geht es irgendwann fast von allein und du brauchst gar nicht mehr darüber nachzudenken.

*Wie sehen deine Bilderrahmen aus?*

# Ohren-Einschalt-Übung

Ziel: Ohrenenergie aktivieren, besseres Zuhören und Verstehen, auf die eigene innere Stimme hören

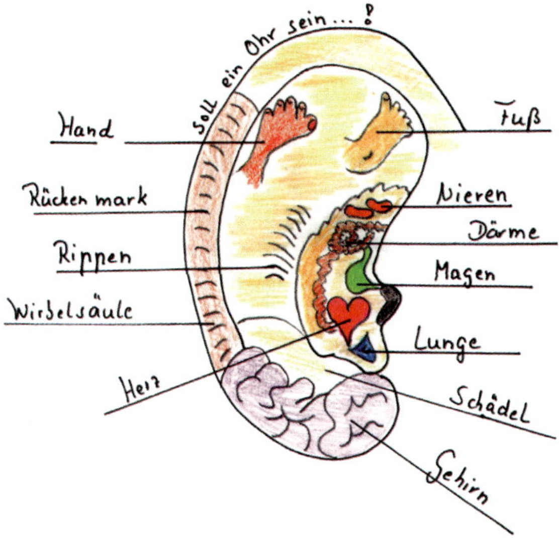


Deine Ohren stehen in enger Verbindung zu allen Funktionen deines Gehirns und deines Körpers. Diese Verbindung besteht über 400 sogenannte Akupunkturpunkte, die du allein durch diese Übung anregst.

Besonders der Teil deines Gehirns, der alle ablenkenden und unwichtigen Geräusche ausblendet und dafür Sprache und als sinnvoll eingestufte Laute einblendet, bekommt durch diese Übung die Anweisung, dem Gehirn die Bedeutung einzelner Wörter besser zu vermitteln.

Wichtig ist auch hier wieder, dass beide Gehirnhälften gut zusammenarbeiten. Signale, die das rechte Ohr empfängt, werden überwiegend in die linke Gehirnhälfte gesendet und umgekehrt.

Die linke Gehirnhälfte kontrolliert Sprache, die rechte bevorzugt Musiksignale. Nur beide Ohren/Gehirnhälften zusammen ergeben eine optimale Hörverarbeitung.

Tatsächlich werden aber deine Ohren im Alltag oftmals total überreizt und schalten ab, ohne dass du es merkst oder etwas dagegen tun kannst. Noch vor der Schule bedudelst du dich vielleicht zu Hause mit Radiomusik, in der Schule geht es sicher auch sehr laut her, es ist kaum möglich, ein Geschäft zu finden, in dem keine Musik auf dich einrieselt, und so geht es weiter, bis du dich schlafen legst.

Die meisten Ohren können das nicht verkraften. Sie schalten ab, wenn sie zu viele elektronische Geräusche hören. Dazu gehören Klänge aus Radio, Fernsehen, Computer, Videospiele oder auch Kopfhörer.

Die Ohren schalten aber auch ab, wenn du unter großem Stress zuhören sollst. Wenn ein Lehrer oder ein Unterrichtsfach dir großen Stress bereitet, blenden die Ohren einen Teil des Gehörten aus.

Dieses Abschalten der Ohren macht dich unaufmerksam, du kannst dich nicht mehr auf das Hören konzentrieren, so dass du zum Beispiel dem Unterrichtsverlauf kaum folgen kannst und dich zu Hause nicht mehr an das Besprochene erinnerst.

*Und so funktioniert die Übung:*

Du umfasst den Rand deiner Ohrmuschel mit Daumen und Zeigefinger. Dann ziehst du leicht an deinen Ohren und faltest dabei den Ohrmuschelrand nach außen aus. Du beginnst am oberen Rand und massierst langsam bis zum Ohrläppchen.

Wiederhole dann das Ganze dreimal.

## AIZ

Die Allgemeine Integrationszone zeigt dem Vorder- und Hinterhirn der linken Gehirnhälfte, wie sie gut zusammenarbeiten und stressfrei funktionieren können, und korrigiert das Leseverständnis.

Mit diesem Übungsablauf kannst du zwei Fliegen mit einer Klappe schlagen.

Durch Stress verkrampfen mehrere Muskelgruppen, die andere Energieflüsse blockieren. Nicht nur die Muskeln sind dann verspannt, auch dein Denken wird starr oder du fühlst dich verwirrt. Hier hast du es wieder mit dem Polizeirevier zu tun, dass ich im Kapitel »Wie entsteht eine Lernblockade?« vorgestellt habe. In der linken Gehirnhälfte sind die Sprachzentren angesiedelt und alle Erinnerungen, die mit Lernen verbunden sind. Wenn Themen wie Lesen, Schreiben, Rechtschreibung stressig für dich sind oder waren, ist das in deinem Polizeirevier auf den Glaubenssatz-Karteikarten gespeichert. Wenn du nun liest oder schreibst, ist dieser ganze alte Stress mit im Spiel und oft merkst du unmittelbar Verspannungen im Schulterbereich.

Da die Sprachzentren um die AIZ, also um dein Polizeirevier, herum angesiedelt sind, ist es nützlich, gleichzeitig auch in diesem Bereich einen Polizisten auf Streife zu schicken.

Das Lesen ist eine der schwierigsten Körperaktivitäten. Wenn du deinen Text anschaust, gehen viele Nervenschaltungen von der Netzhaut des Auges zu den Gehirnbereichen, die Bewegung steuern, also hier Bewegung von Augen, Kopf, Hals und Körper, zu den Bereichen, die die Augen auf etwas Gehörtes bewegen, die Pupillengröße den Lichtverhältnissen anpassen oder die Beugung der Linse verändern.

Wenn der Lesevorgang unter Stress stattfindet, wird dein Auge regelrecht starr und kann den feinen Unterschieden in den Formen der Buchstaben keinen Sinn mehr entnehmen.

Das bewirkt nun, dass du das, was du liest, nicht verstehst oder einfach nicht wiedergeben kannst, was du da gerade gelesen hast.

Der folgende Bewegungsablauf säubert sowohl dein Polizeirevier als auch die Straßen drum herum, die durch deine Sprachzentren führen.

*Das ist die Anleitung für den ersten Teil:*

Die Sehnen an deinen Füßen, die Achillessehnen, nimmst du zwischen Daumen und Zeigefinger und zupfst sie kräftig durch. Unter Umständen sind sie sehr empfindlich. Da musst du das richtige Gespür finden. Es soll dir nicht wehtun, du sollst es aber schon merken.

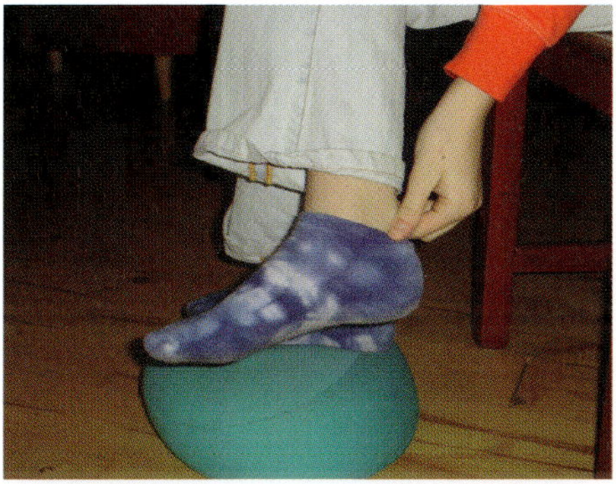

Dann zupfst du die Sehnen in deinen Kniekehlen genauso ordentlich durch.

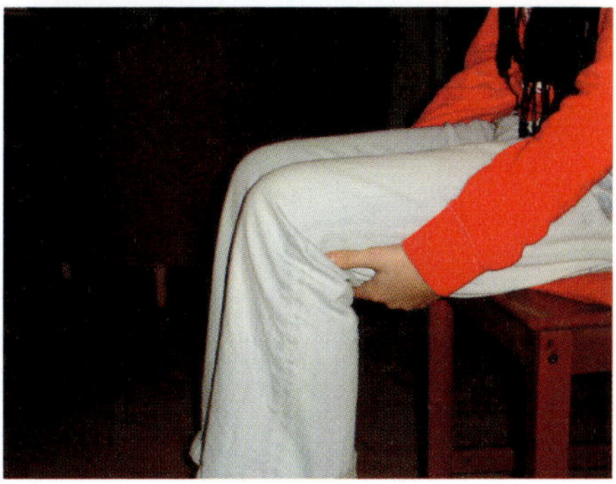

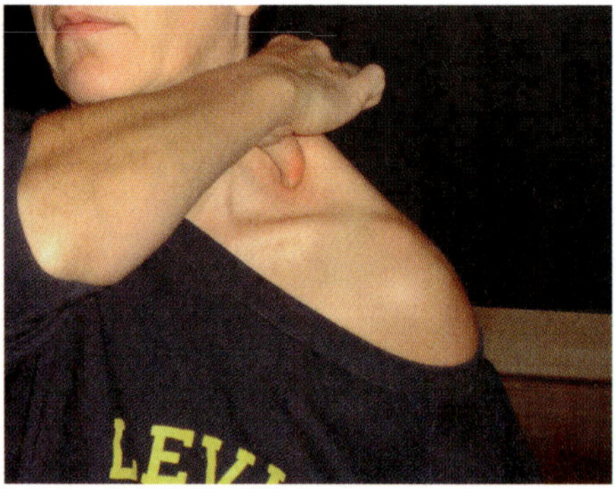


Jetzt greifst du in den Muskel, der zwischen Schulter und Hals verläuft, und drehst die Schulter einige Male, so dass du den Muskel dabei spürst.

*Jetzt folgt der zweite Teil der Übung:*

Wie bei den Einschaltknöpfen rubbelst du zuerst mit Daumen oder sich berührenden Zeige- und Mittelfinger die Punkte unter deinem Schlüsselbein und legst die andere Hand auf den Bauchnabel.

Während du weiter rubbelst, lässt du deine Augen im Uhrzeigersinn, also rechtsherum, kreisen und sagst zuerst laut, anschließend still für dich das Alphabet dabei auf.

Nun machst du noch einen Durchgang und lässt die Augen linksherum kreisen.

Wenn du noch kannst und deine Augen noch nicht schmerzen, kannst du die Hände noch mal umwechseln, also die bisher rubbelnde Hand auf den Nabel legen und die dort liegende Hand rubbeln lassen.

Dann wiederholst du das Augenkreisen und Aufsagen des Alphabets.

a b c d e f g h i

## Das Visualisieren oder Tagträumen
### und mehr zum Stirn/Hinterkopf-Halten

Die Technik des Visualisierens will ich hier einfach Tagträumen nennen, möchte aber, dass du weißt, dass es eine ernstzunehmende Technik ist. Der Begriff *Tagträumer* beschreibt ja im Sprachgebrauch eher jemanden, der sich ausgeklinkt hat und nicht bei der Sache ist.

Du hast diese Technik schon im Kapitel »Das Stirn/Hinterkopf-Halten« kennengelernt und kannst nun die Wirkung des Tagträumens noch verstärken, in dem du dabei wieder deine Stirn und deinen Hinterkopf hältst.

Ich habe das Tagträumen früh geübt und es geliebt, mir die Gedankenbilder anzuschauen, die mein Gehirn mir dabei eingeblendet hat.

Wenn ich bei mir zu Hause den Satz »Das will ich haben« oder »Das ist meins« gesagt habe, hat mein Papa mir geantwortet: »Mach deine Augen zu, dann kannst du sehen, was deins ist.« Er hat sich das natürlich anders gedacht und eine andere erzieherische Absicht gehabt, ich aber bin seinem Rat gefolgt und habe es genossen, mit geschlossenen Augen anzusehen, was alles meins ist. So hat mein Papa mir, ohne das zu beabsichtigen, eine Anleitung zum Visualisieren gegeben. Vieles von dem habe ich wohl auch einprogrammiert und es ist später wahr geworden.

Das Tagträumen ist eine wirkungsvolle Möglichkeit, den im Körper gespeicherten Stress aufzulösen, und wenn du solche Techniken magst, kannst du oft damit entspannen.

Es ist nämlich so, dass jeder Stress, den wir erleben, dem Körper in mehrfacher Hinsicht schadet. Zum Beispiel werden Blutgefäße enger und brüchig, unser Abwehrsystem wird geschwächt, ein wichtiger sogenannter Botenstoff in deinem Gehirn wird gedrosselt und du bist dann traurig, ängstlich, verzweifelt oder ärgerst dich schon über die Fliege an der Wand.

Im Tierreich wird Stress durch Bewegung abgebaut. Ein jagender Löwe oder eine gejagte Gazelle rasen durch die Steppe und wenn alles vorbei ist, liegt der Löwe entspannt da, bis der nächste Stress ihn wieder aufscheucht.

Bei uns funktioniert dieses Prinzip genauso. Noch aus der Zeit der Säbelzahntiger kommt der Mechanismus Stress → Kampf oder Flucht. Wenn der Jäger im Gebüsch ein Knacken hörte und vielleicht ein Säbelzahntigerknurren oder seinen Geruch wahrnahm, hat sein Gehirn ihm blitzschnell die entsprechende Körperreaktion gemeldet. Entweder Angriff oder Flucht.

Wenn du über die Straße gehst und es plötzlich neben dir hupt, passiert das Gleiche. Das Gehirn zieht blitzschnell das Blut aus dem Vorderhirn, dem Denkbereich, in den Hinterkopf, den Handlungsbereich, ab. Das ermöglicht dir, schnell zu reagieren und auf die andere Straßenseite zu flüchten. Anderenfalls würdest du erst darüber nachdenken müssen, welches die beste

Lösung für diese Situation ist. Bis du die gefunden hättest, hätte der Bus dich wahrscheinlich überrollt.

Nun passieren auch in der Schule ständig Dinge, die dich stressen. Du hast vielleicht große Angst vor einem Fach oder einem Lehrer oder hast in der Klassenarbeit die Angst, sie wieder zu verhauen. Dein Körper produziert ein Stresshormon und schüttet es aus. Jetzt müsstest du rennen, also vor dem Lehrer oder der Klassenarbeit weglaufen. Das aber tust du natürlich nicht. Du bleibst sitzen und das Stresshormon blockiert dein Denken.

Wenn du dich nicht bewegst, braucht der Körper mehrere Tage, bis er diesen Stoff wieder abgebaut hat. Bis dahin hast du längst wieder neue stressige Dinge erlebt. Und so wird der Stress im Körper gespeichert und kann uns so richtig vergiften, zumindest aber deine Gedanken vernebeln und deine Konzentrationsfähigkeit lahmlegen.

Deshalb ist es so wichtig, sich zu bewegen, also Sport zu treiben, viel Wasser zu trinken und den restlichen Stress mit Tagtraumtechniken abzubauen.

Ich gebe dir dazu ein paar Vorschläge, die ich zusammenphantasiert habe und die in meiner Praxis ganz gut gewirkt haben. In ähnlicher Weise kannst du dir immer wieder selbst solche Geschichten ausdenken.

## Heilung

Wenn die Schule oder andere Bereiche dauernd Probleme bereiten, zeigen sie sich irgendwann auf körperlicher Ebene. Dann kommt es manchmal zu Kopf- oder Bauchschmerzen, Hautreaktionen oder anderen körperlichen Symptomen.

Die folgende Geschichte regt deine Selbstheilungskräfte an und schaltet die Handlungsbereiche des Gehirns ein. Es wird dem Gehirn eine Anleitung gegeben, mit der es Veränderungen herbeiführen kann, statt wie bisher zu glauben, dass die Bauchschmerzen dich im Griff haben.

Halte Stirn und Hinterkopf und lass dir die folgende Geschichte entweder vorlesen oder du liest sie selbst einmal durch und erzählst sie dir dann mit geschlossenen Augen nach:

Konzentriere dich zunächst einmal ganz auf dein Leiden … Wo im Körper nimmst du es wahr? … Wie und womit ärgert es dich? … Vielleicht kannst du auch mit deinem Leiden (Bauch-, Kopfschmerzen etc.) ins Gespräch kommen und ihm sagen, was genau dich an ihm so sehr nervt … Und dann versuch mal, ob du die Position wechseln und in die Rolle deines Leidens schlüpfen kannst … Gibt es etwas, das dein Leiden dir zu sagen hat? … Warum ist es da? … Will es dich einfach nur ärgern oder gibt es vielleicht auch etwas, das es für dich tun will? … Höre einmal genau hin und lass dein Leiden zu Wort kommen …

Dann überlege dir einen Augenblick, welche Farbe du deinem Leiden geben würdest … Wenn da eine Farbe auftaucht, nimm sie wahr und lass sie ganz da sein … Jetzt atmest du ganz tief in deinem eigenen Rhythmus ein und aus, dabei lässt du die Farbe bei jedem Ausatmen ein wenig blasser werden … Mach das so lange, bis sie dir ganz zart und sanft erscheint …

Jetzt stell dir vor, es gäbe irgendwo auf der Erde einen Raum, in dem alle Medikamente, die jemals erfunden und entwickelt wurden, aufbewahrt werden. Auch alle Heilkräuter sind hier zu finden, sogar die ganz alten, an die sich nur noch die Großmütter erinnern …

Du darfst diesen Raum jetzt betreten … Schau dich um … Wie sind die Medikamente und Heilkräuter dort aufbewahrt? … Wahrscheinlich gibt es eine Menge Regale, Fläschchen und Döschen … Achte auch auf den Geruch, den du dort in dem Raum wahrnehmen kannst … Berühre die Fläschchen und Dosen … Gibt es etwas, das du hören kannst? …

In der Mitte des Raumes kannst du jetzt ein altes verschnörkeltes Tischchen erkennen. Darauf steht so eine bauchige Apothekerflasche, die etwas durchsichtige Flüssigkeit enthält. Diese

Flüssigkeit ist die Grundsubstanz für einen heilenden Trank, welchen du dir nun selbst zusammenstellen darfst. Das ist eine ganz besondere Gelegenheit, denn nur du weißt in deinem Inneren ganz genau, welche Substanz dir helfen kann. Nur du kennst wirklich jede Zelle deines Körpers und weißt tief drinnen – mehr als jeder Arzt –, welcher Wirkstoff der richtige für dich ist.

Schau dir die Wirkstoffe in dem Raum genau an ... Du wirst von ganz allein zu den Fläschchen geführt, die den richtigen Wirkstoff für deinen Trank enthalten ... Wenn du einen Trichter brauchst, um den Wirkstoff in deine Flasche zu füllen, so findest du ihn in einer Schublade unter dem alten Tischchen ... Gib nun den Wirkstoff dazu und beobachte, wie die durchsichtige Flüssigkeit ihre Farbe verändert ... Und so machst du weiter ... Gib so lange Zusätze in deine Flasche, bis du sie ganz gefüllt hast ... Sieh zu, wie dein Trank mit jeder neuen Zutat eine andere Farbe annimmt ...

Wenn du deine Flasche ganz gefüllt hast, nimmst du einen Korken und verschließt sie. Jetzt kannst du den Raum verlassen und mit deinem Heilungstrank nach Hause gehen.

Hier suchst du dir einen gemütlichen Platz, setzt dich hin, entkorkst die Flasche und nimmst einen kräftigen Schluck ... Wie viel du trinken musst, um gesund zu werden, weißt wieder du am allerbesten … Wenn du die Flasche danach verschließt, wirst du etwas erstaunt bemerken, dass sie wieder ganz voll ist. Wie das funktioniert, bleibt ein Geheimnis, jedenfalls wirst du immer ausreichend heilende Flüssigkeit zur Verfügung haben …

Such dir nun einen guten und sicheren Platz für deine selbst gemachte Medizin. Jedes Mal, wenn sich das Leiden aus alter Gewohnheit noch einmal zurückmelden sollte, kannst du eine Reise in deine Gedankenbilder machen, deine Flasche entkorken und einen kräftigen Schluck Medizin zu dir nehmen … Dein Gehirn wird sich dann an das erinnern, was du dir in diesem Augenblick erarbeitet hast, und einen heilenden Impuls an jede Zelle deines Körpers senden …

Wenn du jetzt wieder hier in diesen Raum zurückkommst, beende deine Gedankenreise mit einem tiefen Atemzug und öffne dann langsam die Augen.

Wenn du das Gefühl haben solltest, deine Medizin müsste einmal verändert oder völlig neu zusammengestellt werden, kannst du jederzeit wieder in den Raum zurückkehren und deine Reise wiederholen.

*Hier kannst du den Raum mit den Heilkräutern oder deine Apothekerflasche beschreiben oder zeichnen:*

## Spaziergang

Der »Spaziergang« ist eine Technik, die ich auch Erwachsenen als Übung mit nach Hause gebe und auch selbst mache, wenn ich ein störendes Verhalten oder Gefühl nicht länger mit mir herumtragen möchte.

Die meisten berichten mir, dass die Übung auch bei ihnen gut gewirkt hat.

Wenn du dir das Gehirn als einen großen und verworrenen Urwald vorstellst, ist es der menschlichen Expedition an Wissenschaftlern gerade eben gelungen, einen Bruchteil des Waldes zu betreten und zu erforschen. Ständig gibt es neue Erkenntnisse und kein Mensch weiß, wie viel in diesem Urwald noch unerforscht ist.

Trotz dieser komplizierten Schaltungen und Bahnen ist die Sprache, mit der wir Zugang zum Gehirn bekommen, eine bildliche. Einfache Techniken und Bilder machen dem Gehirn am besten klar, was es tun soll, und zeigen eine große Wirkung. Deshalb sind solche Techniken auch wirklich kein »Kinderkram«, ich mache sie genauso mit Erwachsenen.

Der »Spaziergang« kann dabei helfen, ein verinnerlichtes Problem nach außen zu bringen und durch die beobachtende Position handlungsfähiger zu werden.

Ein solches Problem könnte sein:

- Angst vor Klassenarbeiten, Gewitter, Hunden …
- Schusseligkeit
- wenn du ins Bett machst
- Magen- oder Bauchschmerzen, Kopfschmerzen …

*So geht die Übung:*

Mache einen Spaziergang, etwa eine halbe Stunde lang.

Dann stell dir vor, dass dein Problem (z. B. Angst vor Gewitter, Schusseligkeit oder die Bauchschmerzen) neben dir hergeht und dich begleitet. Stell dir vor, dass dein Problem dich nun immer wieder einmal mit deinem Namen anspricht. Manchmal fängt das Problem dann auch an, dir noch mehr sagen zu wollen, aber das muss nicht sein. Es soll dich nur mit deinem Namen ansprechen.

Du achtest währenddessen auf deine Umgebung und darauf, was es zu sehen gibt.

Kurz bevor du wieder zu Hause bist, nimmst du irgendetwas von deinem Spaziergang mit nach Hause. Das kann ein Blatt

sein, ein Stöckchen, ein Baumpilz oder auch ein abgerissener Hosenknopf.

Was immer du von deinem Spaziergang mitbringst, es soll ein Symbol für dein Problem sein. Du stellst dir also vor, dass z. B. das Stöckchen dein Problem darstellt.

Nun suchst du zu Hause für dein Problem, also für das Stöckchen, einen sicheren Platz, an dem ihm nichts passieren kann. Und dann kümmerst du dich einige Tage oder Wochen ganz sorgsam um dein Problem. Du pflegst es und achtest darauf, dass es ihm immer gut geht. Wenn es z. B. in der prallen Sonne steht, rückst du es ein wenig in den Schatten. Achte darauf, dass du so oft wie möglich nach deinem Problem schaust ...

Die Übung ist dann abgeschlossen, wenn du merkst, dass dein innerliches Problem verschwunden oder bedeutend kleiner geworden ist.

*Was für ein Souvenir hast du von deinem Spaziergang mitgebracht?*

# Krafttier

Weißt du, was ein Krafttier ist? Indianer haben zum Beispiel Krafttiere, die ihnen helfen, besondere Fähigkeiten zu entwickeln. Wenn du dir einen feigen Indianer vorstellst, ist sein Krafttier vielleicht ein Bär. Wenn der Indianer den Bären intensiv beobachtet, könnte der ihm dann helfen, Mut und Stärke zu entwickeln.

Wenn du dich verliebt hast und zu feige bist, das anzusprechen, kann dir diese Übung genauso helfen, wie wenn du bessere Noten schreiben willst. Du kannst diese Übung also immer dann einsetzen, wenn du eine Fähigkeit entwickeln möchtest, zum Beispiel:

- Ruhe und Gelassenheit (zum Beispiel in Klassenarbeiten)
- mehr Selbstvertrauen
- bessere sportliche Leistungen
- Mut, etwas Bestimmtes zu tun …

Jetzt kannst du gucken, ob sich dir aus deinem Unterbewusstsein ein Krafttier zeigt, das dich beim Erlernen deiner Fähigkeit begleiten und unterstützen kann. Das Tier, das du gleich sehen wirst, wird etwas zu tun haben mit der Fähigkeit, die du entwickeln möchtest, und deinem Unbewussten die nötigen Anstöße geben.

Halte Stirn und Hinterkopf, schließ die Augen und stell dir vor, du gehst barfuß über eine Blumenwiese. Spüre mal, wie sich das an deinen Füßen anfühlt, und schau dich um. Was kannst du sehen auf deiner Wiese? Sind dort viele bunte Blumen, verschiedene Gräser? Was hörst du? Gibt es Insekten auf deiner Wiese? Und dann schnuppre mal. Kannst du das Gras riechen oder die Blumen?

Du gehst weiter, bis du zu einem Wald kommst. Du gehst hinein und spürst, wie es schattiger und kühler wird. Wie verändert sich dein Gefühl an den Füßen, was riechst du jetzt, sind die Geräusche hier anders? Schau dich um, bist du in einem Laub-, Nadel- oder Mischwald angekommen? Was siehst du noch? … Nach einer Weile kommst du zu einer großen Waldlichtung. Du suchst dir einen gemütlichen Platz, setzt dich hin und schaust dir die umliegende Landschaft an.

Dann siehst du plötzlich, wie sich irgendwer oder irgendwas auf dich zu bewegt. Zuerst siehst du nur, wie die Luft etwas flimmert, dann wird deine Wahrnehmung immer klarer. Und irgendwann erkennst du, dass sich dort dein Krafttier auf dich zu

bewegt … Wie dicht kommt dir dein Tier, ist es freundlich, darfst du es anfassen, hat es vielleicht sogar eine Botschaft für dich?

Bevor du die Augen öffnest, stellst du dir vor, du machst ein Foto von deinem Tier. Dieses Foto rahmst du dir ein und suchst in Gedanken einen Platz in deinem Zimmer, wo du das gerahmte Foto aufbewahren wirst.

Dann nimmst du einen tiefen Atemzug und öffnest langsam die Augen.

Wenn du gern malst oder zeichnest, kannst du dein Tier auch aufmalen und tatsächlich eine Weile in deinem Zimmer aufhängen.

*Was für ein Krafttier hast du dir vorgestellt?*

## Ich merke nix
### oder »Wie lange muss ich das denn machen?«

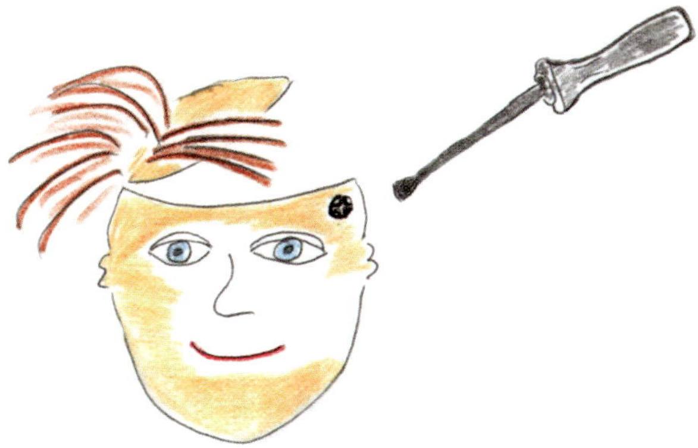

Da du deinen Kopf nicht aufschrauben und hineingucken kannst, weißt du nie genau, wo es auf deiner »Festplatte« hängt.

Du weißt also nicht wirklich, welche und wie viele Blockaden du zu lösen hast.

Deshalb wirken die Übungen auch unterschiedlich. Manchmal macht es regelrecht »klick« und du hast das Gefühl, es ist sofort etwas passiert. Manchmal dauert es zwei bis drei Wochen, bis der Groschen fällt. In diesem Zeitraum verändert sich etwas in kleinen, kaum spürbaren Schritten. Dann merkst du die Veränderung oft erst, wenn du später zurückschaust. Du denkst dann vielleicht: »Ja, stimmt – vor drei Wochen habe ich noch viel mehr Fehler gemacht« oder »Meine Laune hat sich im Vergleich zu vorletzter Woche echt gebessert.«

Meistens ist es aber so, dass das Gehirn etwas Zeit braucht, um eine neue Aufgabe so zu verankern, dass es ohne Anstrengung funktioniert. So ist es schon sinnvoll, wenn du die Übungen mal wirklich regelmäßig über einen Zeitraum von drei bis vier Wochen machst.

Ganz weit solltest du sie auch danach nicht weglegen. Alle Lern- und Reifevorgänge, die zeit deines Lebens in deinem Gehirn ablaufen, lassen sich mit diesen einfachen ∞-Übungen unterstützen.

Wenn sie irgendwann wie das tägliche Zähneputzen zu deinem Leben dazugehören, trägst du immer etwas dazu bei, dass du ausgeglichene Gehirnfunktionen hast. Das ist dann auch für deine Gesundheit von riesengroßem Nutzen.

# Anhang

## Dank

muss sein!

Meiner Familie, klar! Ganz doll danke also an Rüdiger, Nina und Rike. Rüdiger, weil er ständig irgendwelche Fähigkeiten in mir entdeckt. Nina mindestens fürs Korrekturlesen. Gott sei Dank hat die nicht meine Rechtschreibprobleme geerbt. Muss wohl an ihrem Papa liegen. Danke also auch Dierk. Rike für ihre treffsichere Meinung und ehrliche Kritik. Und euch allen für vieles mehr …

Meiner tapferen Mutter danke ich. Die muss auch viel Neues lernen und die Tatsache, dass sie dabei Hilfe brauchte, hat mich so manchen Arbeitstag umstrukturieren lassen. Dafür war dann Platz zum Schreiben.

Danke an alle Eltern, die ihre Kinder zu mir gebracht haben. Und danke an euch Kinder, dass ihr wiedergekommen seid und ich durch euch lernen durfte.

Danke auch für die Foto-Shootings.

Danke den Kursteilnehmern und besonders den Teilnehmerinnen des Kurses »Arbeit mit Kindern«. Ihr habt mich ja förmlich gezwungen, das alles endlich mal aufzuschreiben.

Vielen Dank meinen vielen Lehrern und den Kollegen für den fruchtbaren Austausch.

So könnte ich noch weiter danken …

Irgendwo ist Schluss! Danke!

## Literatur


Bauer, Joachim: *Das Gedächtnis des Körpers.* Piper, München 2004.

Baureis, Helga / Wagenmann, Claudia: *Kinder lernen leichter mit Kinesiologie.* Oesch, Zürich, 3. Aufl. 2007.

Hendel, Barbara / Ferreira, Peter: *Wasser & Salz – Urquell des Lebens.* INA Verlags GmbH, Herrsching 2001.

Höfler, Heike: *Atme dich gesund!* Oesch, Zürich 2007.

Innecken, Barbara: *Kinesiologie – Kinder finden ihr Gleichgewicht.* Don Bosco, München 2005.

Keding, Christa: *Der große Kinesiologie-Ratgeber.* Oesch, Zürich 2006.

Kläsener, Cornelia / Korte, Martin: *Gute Noten.* Argon, Berlin 2004.

Roth, Jürgen: *Aus Sicht des Gehirns.* Suhrkamp, Frankfurt/Main 2003.

Schneider, Peter O.: *Gedanken altern nicht.* BoD GmbH, Norderstedt 2006.

Stokes, Gordon / Whiteside, Daniel: *One Brain.* VAK, Freiburg 1997.

Stokes, Gordon: *Ohne Stress kann Lernen leicht sein.* VAK, Freiburg 2004.


## Bildnachweis

Jutta Grote & Marion Hoffmann

*Jutta, Paulina und Marion*

# Schön, dass du durchgehalten hast!

Auf den nachfolgenden Seiten findest du Platz für ein Tagebuch oder du kannst einfach deine Erfahrungen, Freuden und Frust festhalten in Worten, in Zeichnungen, in Fotos – ganz wie du eben magst. Wenn du dein Buch später wieder öffnest, fallen dir die Übungen viel leichter als noch zu Beginn.

Herzlich, deine

*Marion Hoffmann*

## Kinesiologie hilft

Helga Baureis /
Claudia Wagenmann

### Kinder lernen leichter mit Kinesiologie

**Lern- und Konzentrationshilfen – Ratgeber für die Familie**

**3. Auflage**
160 Seiten, 47 Zeichnungen
ISBN 978-3-0350-0038-2

Die Kinesiologie nimmt den Druck mit einfachen Mitteln weg, lässt Kinder (und Eltern) mehr Luft – aktiviert statt blockiert! Einfache Übungen wecken das Potential des Kindes, lösen Verspannungen, bauen Stress ab und Energie auf.

Der erste Kinesiologie-Ratgeber für Eltern, Lehrer und Schüler, der neue Wege aufzeigt: Kinder üben Körperkoordination, Motivation und Sicherheit aufzubauen und Reaktions- sowie Erinnerungsvermögen selbst zu aktivieren.

**Oesch Verlag**
Jungholzstraße 28, 8050 Zürich
Telefax 0041/44 305 70 66
E-Mail: info@oeschverlag.ch
www.oeschverlag.ch

Bitte verlangen Sie unser Verlagsverzeichnis

Alle Bücher von Oesch erhalten Sie in Ihrer Buchhandlung, Versand- und Internetbuchhandlung

**Kinesiologie hilft**

Dr. med. Christa Keding

## Der große Kinesiologie-Ratgeber

**Ganzheitliche Heilung durch den Muskeltest**
**Analytische und psychologische Kinesiologie**

320 Seiten, gebunden
ISBN 978-3-0350-3026-6

Der Muskeltest, *touch for health,* Kinesiologie: es ist erstaunlich, wie Schulmediziner zu dieser ganzheitlichen Methode finden, weil sie in der Symptombekämpfung keinen Sinn mehr sehen.
Christa Keding ist diesen Weg vor vielen Jahren gegangen, als sie den Muskeltest entdeckte, erforschte und verfeinerte. Sie hat die Kinesiologie praxisgerecht modifiziert und neu formuliert. Hilfe aus dem Leben für das Leben – hier ist das wahre Hausbuch der Kinesiologie!

## Oesch Verlag

Jungholzstraße 28, 8050 Zürich
Telefax 0041/44 305 70 66
E-Mail: info@oeschverlag.ch
www.oeschverlag.ch

Bitte verlangen Sie unser Verlagsverzeichnis

Alle Bücher von Oesch erhalten Sie in Ihrer Buchhandlung, Versand- und Internetbuchhandlung